U0871265

孩子，我爱你，所以想懂你

从『心』理解，让你轻松掌握教养之道

开企教养线编辑团队◎编著

中国妇女出版社

图书在版编目（CIP）数据

孩子，我爱你，所以想懂你 ：从“心”理解，让你轻松掌握教养之道 / 开企教养线编辑团队编著. -- 北京：中国妇女出版社，2019.7
ISBN 978-7-5127-1730-5

Ⅰ.①孩… Ⅱ.①开… Ⅲ.①家庭教育 Ⅳ.①G78

中国版本图书馆CIP数据核字（2019）第076710号

原著作名：孩子，我爱你，所以想懂你！30个教养小故事，让父母从心理解孩子，教出好孩子！
原出版社：开企有限公司
作者：开企教养线编辑团队

著作权合同登记号　图字：01-2018-9006

孩子，我爱你，所以想懂你
——从“心”理解，让你轻松掌握教养之道

作　　者：开企教养线编辑团队　编著
责任编辑：陈　元
封面设计：尚世视觉
责任印制：王卫东
出版发行：中国妇女出版社
地　　址：北京市东城区史家胡同甲24号　　邮政编码：100010
电　　话：（010）65133160（发行部）　　65133161（邮购）
网　　址：www.womenbooks.cn
法律顾问：北京市道可特律师事务所
经　　销：各地新华书店
印　　刷：北京中科印刷有限公司
开　　本：165×235　1/16
印　　张：14.25
字　　数：171千字
版　　次：2019年7月第1版
印　　次：2019年7月第1次
书　　号：ISBN 978-7-5127-1730-5
定　　价：49.80元

爱孩子的方法，你今天更新了吗

在现今绝大多数的亲子关系中，爱一直是最不缺乏的，爸妈总是尽最大可能把所有的爱都给孩子。但，过多的爱，有时反而是伤害，要做到最有效的亲子教养，光有满满的爱，是绝对不够的！

相信，你我都曾经有“爸妈，你们也当过小孩啊！为什么就不能了解我在想什么呢”的感叹。因为别说是现在，从前的父母也很少聆听自己的孩子，更何况进而能理解孩子的父母就更不多了。于是，只要一发现孩子的行为出现问题，有了偏差，便开始心急地要求、命令甚至是禁止孩子做某些事，再不然就是总爱恐吓孩子：“再哭，警察就要来抓你了！”“再不乖，就去做别人家的小孩！”“你怎么不像×××那么听话？”……甚至还有拉旁人当“共犯”的说法，像是：“不要哭了，你看阿姨在笑你了！”不论听到或看到这些亲子对决的现场，气急败坏的大人和伤心欲绝的孩子，都让人觉得很心疼。

辛苦的大人们呀，其实有些习以为常的教养方法，早就不流行了；这些看似有效的做法，其实往往最无效。因为父母并未用同理心去了解孩子的心情或想法，找出孩子行为背后的动机或原因，光是一味地用自己的方法或专家的建议，当然也就无法解决问题。此外，更因为亲子之间未建立起信任的关系，孩子总是觉得“父母不懂我的心”，久而久之就更不愿对父母敞开心扉说心事，对父母更是口服，心不服。

其实，还有更好更有效的教养方法，可以更省力地化解亲子冲突。凭良心说，现代父母的压力比起以前更巨大，除了要面临经济压力之外，还要顾及孩子的竞争力，除了不时为了孩子的事操心，甚至生怕孩子输给别人而紧张兮兮，虽然也想和孩子建立起良好的关系，却不知不觉变成了和从前的父母一样，眼看着孩子的心离自己越来越远，最后不禁叹息：“我这么辛苦，究竟是为了什么？”

是啊！不只现在的孩子很累，父母更是辛苦，所以这本书虽然看似是在替孩子发声，实则含有更多想要照顾父母的心情。

虽然，关于怎么当个好爸妈，没有统一的标准答案，但是亲子教养的确有些常见的盲点可以去除。在这本书中，我们试着标举出教养路上孩子常见的30个问题，并辅以专家建议的解决方法，建议爸妈可以在实际生活中尝试，再去芜存菁，找出最适合自己家的教养模式。

最后，提醒辛苦的爸妈们，每当亲子互动碰上难题时，每当孩子怎么教都教不会时，千万别忘了再问问自己：“爱孩子的方法，你今天更新了吗？”发觉问题，进而去理解，然后才能应对解决。期待阅读此书的你，能够常常想起小时候自己曾有的心情，时时回想自己还是个孩子时的需求，那么，你肯定能够得到更多的力量，也能在教养的路上越走越顺利，感受到越来越多的幸福。

Chapter1　原来，孩子没有安全感

Chapter2　天哪！不及格的生活力

Chapter3 哭，哭，为什么没有自信

Chapter4 糟糕！孩子不喜欢学习

Chapter5　是谁扼杀了孩子的创造力

Chapter6　头痛！难解的交友问题

Chapter1

原来，孩子没有安全感

安全感是什么？就是我们在生活中不会莫名地感到害怕。尤其对孩子来说，安全感来自他生长的环境，若孩子是在快乐、充满爱的环境里成长，那么孩子就会有强烈的安全感；反之，会让孩子感到恐惧或痛苦，孩子就会没有安全感。

除了给孩子满满的爱之外，更要用正确的教养态度，才能让孩子有安全感，更好地融入社会。

导读

安全感是什么？就是我们在生活中不会莫名地感到害怕。尤其对孩子来说，安全感来自他生长的环境，若孩子是在快乐、充满爱的环境里成长，那么孩子就会有强烈的安全感；反之，会让孩子感到恐惧或痛苦，孩子就会没有安全感。

安全感对孩子的影响到底有多大?有关专家表示，如果孩子一直缺乏安全感，那么将来长大做什么事情都容易畏首畏尾，怕被人责备，所以没有自信；甚至，对人、对事也容易产生敌意，对家庭、婚姻产生恐惧感。所以，平时要让孩子在充满爱的环境里成长，让孩子有安全感，减少孩子日后面对未知的恐惧。

然而，我们也不该凭借这一点，老是对孩子施以威胁说："再不乖，我就不爱你!"你可能已经发现这一句超有效，不管孩子怎么胡闹，只要一听到这句话，大部分的孩子立刻就会照着你说的话乖乖去做，因为对孩子来说，"爸妈不再爱我"是太可怕的事，就好像整个世界都毁灭，世界末日到来一般。

不过，若总是以这样的方式成功收服孩子，所付出的代价，不仅无法给孩子带来安全感，同时也磨损了亲子之间的信任感。总之，除了给孩子满满的爱之外，更要用正确的教养态度，才能让孩子有安全感，更好地融入社会。

01

爸妈太忙，没时间好好陪陪你

从幼儿心理发展来说，婴儿必须和主要照顾者（通常是妈妈）建立强烈的依附关系，这种依附关系建立在孩子的需求是否随时被满足上。那么，依附关系该怎么建立呢？最重要的就是“24小时不打烊地陪伴”，让他觉得有安全感。然而，这样的陪伴，对忙碌的现代爸妈来说，常常有点儿困难。

教养小故事

5岁的小思，由南部的阿公阿妈[1]照顾长大。小思的爸妈是所谓的“假日父母”，每逢周末才会和小思见面。虽然小思常会在“收假”时，哭着不让爸妈离开，但是其他时候，也和阿公阿妈相处得很好，因此爸妈也就很放心这样的安排。

等到小思上幼儿园后，爸妈将他带回台北照顾，才发现小思看起来总是闷闷不乐，跟爸妈不亲，加上生活习惯的不同，亲子之间常常发生争执，小思甚至会打电话向阿公阿妈求救，让爸妈觉得很受伤，心想：“你到底是谁的孩子啊？”

谁是陪孩子长大的人

忙碌的社会生活现实，使得原本每天都应该在一起的亲子关系，产生变化。

当爸妈每天要工作8小时以上，孩子由谁照顾呢？根据台北市教育局发布的一项统计数据显示，跟10年前相比，2008年2岁至未满6岁的幼儿，超过6成被安置在托儿所与幼儿园，而这个数字，还不包括由祖父母和保姆照顾的孩子。

1　阿公阿妈：指爷爷奶奶。

照这样的统计数字来看，一对双薪家庭的爸妈，能够和孩子相处的时间，其实并不多。每天匆匆忙忙到保姆家、幼儿园或安亲班[1]接孩子，赶着吃晚餐、料理生活的琐事、催孩子写功课、赶孩子上床……父母到底每天有多少时间，能够和孩子好好在一起，享受彼此的陪伴，真的很难说呢！

这样紧张的生活状态，对亲子关系是否一定会造成负面的影响呢？其实不一定！这完全要看爸妈如何经营亲子关系。

教育专家通过工作得以接触许多家庭，她认为："爸妈和孩子之间，除了血缘关系外，还有通过每天在一起生活所积累下来的那种亲密感，才有办法真正成为亲子！"只要你能够花心思安排好与孩子难得的相处时光，积累与孩子之间的亲密感，一样能够经营出良好的亲子关系。

请把孩子托给对的人

当家庭中诞生了新的生命以后，爸妈在家庭经济、个人生命抉择等各种考虑下，做出最适合这个家庭的选择。妈妈如果可以暂时放下工作，在孩子成长中最重要的时候陪着孩子长大，自然能更了解自己的孩子，亲情也就更深厚，小小孩也不用太早面对和妈妈分离的焦虑，当然是最理想的状态。

但是，如果妈妈无法亲自照顾孩子，还是可以找帮手，不要责怪自己或觉得愧疚，只要找到对的人来照顾孩子就可以了。

把孩子托给别人照顾时，不论是给阿公阿妈带、请保姆照顾，或是送到托儿所去，其实都是不得已的做法，而让孩子在承受大人的不得已的过程中，身

---

1 安亲班：指孩子上课后的托管班，能够帮助家长接送孩子、辅导孩子写作业等。

为大人的你一定要照顾孩子的细微感受。考虑家庭的经济情况、长辈是否有带孙意愿、住家附近有无合适的托儿所等各种因素，替孩子慎选最合适的照顾者。好的照顾者，应该拥有正向温暖的人格特质，理解孩子的身心发展需求，因为照顾者不只要能照顾孩子的生活，更要能觉察孩子的情绪与需求，爱孩子与被孩子爱，让孩子可以通过他来学习情感的表达。

如果小小孩的照顾者无法“看到”孩子的特质与需求，只用命令式的句子与语气来维护孩子基本的生命安全，这对还在增长各种能力的小小孩来说，等于生命被打压！

另外，随着孩子成长的脚步，爸妈依据孩子身心发展需求的改变，或许也会因此做出不同的托育选择，比如说3岁以前进行一对一的照顾，让孩子更有安全感；3岁以后，考虑孩子的交友需求，或许幼儿园会更适合拓展孩子的人际关系。

好好照顾孩子的感受

在把孩子托给别人前，爸妈应该好好跟孩子说明，比如说：“妈妈很爱你，可是要上班赚钱，没办法照顾你。我请阿妈帮忙，她也会很疼你喔！”一开始时，妈妈可以先陪着一两天，一方面等孩子和新的照顾者更熟悉，建立初步的信任关系；另一方面也可以实地观察孩子与别的照顾者的互动情形，到时候再放手离开，这样对大人小孩来说，都会比较放心与安心。

爸妈应该将孩子的照顾者当作协力照顾孩子的合作伙伴，建立良好的沟通渠道，每天在“交接”孩子的时候，可以聊聊孩子当天发生的小趣事、身体的特殊状况、心情怎么样等，简单的闲聊能让双方更加了解孩子每天的生活全貌，在接手照顾时，自然也更得心应手。

最后，还要提醒爸妈，除非万不得已，最好不要常常更换孩子的照顾者。对孩子来说，这个每天与他朝夕相处、总会响应他的各种需求的大人，也是很重要的依附对象。如果经常更换照顾者，会让孩子充满不安全感。

不合人性的24小时全日托

爸妈应该依照自家的情况，做出最适当的托育选择，但是谢淑美语重心长地提醒爸妈："千万不要24小时把孩子托给别人带！"当我们把亲子关系弄得这么奇怪后（本来该照顾孩子的人，无法照顾孩子），对大人来说，为了抗拒母性或父性的本能，只好想办法让自己对孩子的感觉钝化，淡化对孩子的牵绊，久而久之，亲情就变淡了，心也变硬了。

对孩子来说，爸妈久久才会出现一次的状态，这种既亲又远的关系，很难去拿捏和面对，让孩子没办法把情感寄托在爸妈身上，以免爸妈离开时，心情很难受，只好想办法让自己断念，不再依恋父母；可是，当爸妈在周末出现时，又期望"血浓于水"，希望孩子对自己很亲。这样的亲子关系会让孩子感到很不安，没办法放心地当小孩。

事实上，人的情感发展是有层次的。如果面对最亲密的亲子关系，都要硬着心肠，让自己不去依赖，大人和小孩都可能变成没有能力爱、表达爱的人。

没有安全感的孩子，容易小心眼儿

安全感，谈的不是客观的安全，而是孩子的主观感受——自己是不是属于这个家？爸妈是不是很喜欢自己，觉得自己是有价值的？当孩子觉得自己和爸妈之间是贴近的、互相理解的，亲子关系是温暖的，自然会觉得很安全。

当孩子没有安全感时，反映在行为上，就变得很小心眼儿，孩子会很想占有、容易受挫、爱计较。孩子通过这些行为，来探测爸妈："你在乎我吗？我是不是你眼中的宝贝？"这样的探测行为会让爸妈很受折磨，进而指责孩子，使孩子的自我感觉受到影响，变得不容易放松，时时充满危机感，对人的包容性也不够。

等到孩子上学之后，缺乏安全感也会让他的学业受到影响。部分擅长念书的孩子，可能会努力通过学业成绩来获得肯定，但是他们没办法享受自己的能力，总是担心万一表现不好，会不会就失去一切；而大部分的孩子，因为内在的不稳定，整个心都陷入"自己是不是值得存在"这样的情绪纠葛，没办法专注在学业上。

追求高品质的亲子相处

虽然客观的大环境似乎不利于亲子关系与孩子安全感的建立，但其实也没有那么艰难。除了时间多寡以外，亲子相处的质量往往也是孩子能不能有安全感的关键——再怎么忙，只要每天经营一点点有质量的亲子互动时间，你的孩子还是能有稳固的安全感。

陪伴孩子不是一件等到有空才去做的事，而要认真地把它排入每天的作息中。而且，要好好地陪，持之以恒地在每一天制造和孩子亲密且放松的相处时间。

那么，如何才算是好好地陪呢？当爸爸的，每天下班后都抽空让自己专心陪孩子，不管是15分钟也好，半小时也罢，就算什么都不做，只是陪在孩子身边，微笑地听他说话、看他玩儿也可以；妈妈呢，虽然每天照料孩子的时间绝对不只半小时，但每天还是要找15分钟或30分钟，好好地放松，把所有“孩子应该怎么样”“如何让孩子更优秀”的想法都放下，就是单纯地陪孩子玩儿，和孩子在一起。

对孩子来说，这样“眼中只看到我”的全心陪伴，会让孩子感受到“我是爸妈的宝贝”“不用做些什么来力求表现，爸妈就会爱我”，孩子的心中，自然就会有满满的安全感！

02

不听话就开口骂、动手打

爸妈在教养孩子时，往往想要有“特效药”，希望教养方法具有立竿见影的效果，立刻改善孩子的不良行为。而在这样的心情下，责骂与体罚往往由于“速效性极佳”，而成为爸妈教养孩子时的常用方式。然而，打骂孩子真的能达到所谓“教育”孩子的目标吗？

教养小故事

3岁的小捷像个“小霸王”，每当事情不如自己的意，或是和同伴发生争执时，都会骂别人“笨蛋”，甚至动手打人。爸妈为了这样的事一次又一次地责骂他，甚至处罚他，却还是没办法改变他的坏行为。为什么小捷总是会选择用不好的方式来处理纷争或困难，难道是爸妈的教养方式有问题吗？

打骂孩子=鼓励孩子的不良表现

对孩子来说，爸妈是世界的中心，每个孩子都希望得到爸妈的注意。爸妈对孩子的正面关注，比如称赞孩子的表现，能够让孩子获得肯定与被爱的感受，进而能带着满满的安全感，健康地长大。

不幸的是，现代爸妈真的很忙碌，当孩子表现得好的时候，“觉得太好了，松了一口气”的爸妈，不见得会记得要赞美孩子的表现，反而是在孩子犯错时，才注意到孩子。结果，孩子会经常故意表现出不好的行为，来引起爸妈的注意。因为对孩子来说，他宁愿爸妈打他、骂他，也不要爸妈对自己视而不见。

一位教育专家经常提醒爸妈，要换个角度思考：“孩子需要爸妈‘看见’他，肯定自己的存在；当亲子之间，不论是语言也好，身体接触也好，缺乏正面、温暖的互动，孩子只好另找出路，逆势而为，用负面的行为来‘吸引’爸妈的注意力，被骂、被指责，甚至被打都好，至少爸妈‘看见’自己的存在，也表达了‘关爱’，结果就形成了一种负面循环。”

那么，该怎样斩断这样的负面循环呢?

身为爸妈的你，应该抽空和孩子好好相处，给孩子正面的关注，当孩子表现良好时，不要忘了多赞美孩子，如此能让孩子获得成就感和建立自信，也能增加孩子好好表现的动机，这样孩子才不会退而求其次，用不良行为来寻求你的关注。

打骂，能教会孩子什么呢

体罚虽然看似有效，但相关研究都显示，体罚会造成亲子关系的紧张，破坏孩子对家庭的安全感与归属感，不但会造成孩子内心的创伤，更是一种“以暴制暴”的身教，诱发孩子的暴力及攻击行为，并不能真的让孩子成为更好的人。

教育本质——教育的目的到底是什么？教育应该协助孩子：了解自己，理解别人，以及知道他所生存的环境里，社会的文化、法律的规定是什么，有哪些需要面对和选择的事情。通过了解，进而能发展出自己的想法，为自己做出选择。

当大人拿起棍子，就是绕过教育孩子的过程，通过外在的痛苦和控制，对孩子说：“如果你不照做，我就打你喔！”让孩子俯首称臣，赶紧去做，事实上，大人已经放弃了教育与启发孩子心智的机会。而这样的做法，可能会依孩子个性的不同，而产生不同的后果。

个性强一点儿、自我意识强的孩子，往往会被大人贴上许多负面的标签，造成亲子间不断冲突与对立，让孩子变成像刺猬一样，对自我充满怀疑，对人也没有信任关系；个性较温和的孩子，容易向外界的强烈要求妥协，很知道怎么做可以避开那根棍子，可是这样的孩子长大以后，因为没有自我，常常不知道自己要什么，也没有成就感；甚至有的孩子，用看人的脸色来取代自己的感受和判断，只要别人凶一点儿，他就很害怕，赶快照这个人的意思做，即使这个人做的事会伤害到他，也不敢有所反抗——在校园霸凌事件中被欺负的孩子，往往是这种类型。

体罚，只能让孩子学到痛苦和害怕，无法达到大人所希望教育的核心过程和目标——协助孩子掌控自己的行为，承担自己的责任。当孩子对自己的行为取舍标准都建立在希望不要被处罚，而会不会被处罚的标准又是寄托在别人手上时，孩子自然会觉得不安，充满恐慌，不知什么时候会大祸临头。

相信这样的结果绝对不是各位爸妈希望见到的。每个爸妈都希望自己的孩子能够有足够的安全感，有勇气对周遭的人说出自己真实的感受和意见，也能虚心地听取别人不同的意见。而希望让孩子拥有这样的人格特质，绝对不是靠打骂就能达到效果的。

再怎么疼爱孩子的爸妈，也不能陪孩子一生一世，替孩子生活。你所能送给孩子的最好礼物，就是给孩子满满的爱，让孩子充满安全感，拥有发自内心的快乐，重视自己的存在。想达到这种目标的爸妈，就要有不随意打骂孩子的信念！

03

总是用命令口气，漠视孩子的感受

有一首歌是这样唱的：“你说我像云，捉摸不定，其实你不懂我的心……”很适合当作亲子关系的主题曲呢！当孩子还是小婴儿时，只要一哭，爸妈就会一边安抚，一边猜测：“是不是肚子饿了？尿布湿了？”可是，等到孩子会说话以后，爸妈这种细致、体贴的“猜心”技能就慢慢退化了，亲子之间的代沟自然也就越来越大。

教养小故事

“小平，不要动妈妈的东西！”“小平，马路很危险，不要一直乱跑！”……3岁的小平，让爸妈很伤脑筋，他们搞不懂为什么别人家的孩子一个口令一个动作，自己家的孩子却总是不听话，叫他别做的事，他偏偏爱做，总是要挑战大人呢？

想让孩子不听话，就命令他吧

随着孩子生命的发展，孩子的自我意识也越来越强，他努力地探索周遭的环境与事物，在一次次的尝试中，建立出“我也会”的自信来。

一位亲子教育专家接触过许许多多的家庭与孩子，她经常提醒爸妈们，亲子之间也该谨守“人际界线”——包含身体的、心理的与所有权的界线，才能够帮助孩子发展良好的自我意识与人际关系。

然而，爱孩子的爸妈常常“越俎代庖”做出踩线行为，总是用命令句来指挥孩子，代孩子感受与思考，比方对孩子说：“怎么吃这么少？赶快把这碗饭吃完才能下桌……”“天气变冷了，穿外套才可以出去玩。”“那里很危险，不可以去那里玩儿！”“你又在揉眼睛了，一定是困了，马上去睡觉。”……但是，你又不是孩子，怎么知道孩子的感受呢？

面对爸妈的命令，性情温顺点儿的孩子可能就“放弃自我”，自己不去感觉、不去思考，反正一个口令一个动作，等着爸妈来指挥就好；个性强一点儿的孩子，不是听而不闻、我行我素，就是在爸妈表现出权威的时候，才勉为其难配合一下，等到爸妈不在身边，就为所欲为。

将心比心地想一下，谁会喜欢一天到晚被人呼来唤去呢？就算我们长大了，也当了爸妈，每当我们的父母又用“我为你好”的理由来命令我们时，是不是也会在心里嘀咕着：“我又不是小孩子了，干吗老爱管我呢！”而我们的小宝贝虽然小，但他也是个独立的个体，身为爱他的爸妈，我们有责任协助他成为能够独立思考、独当一面的人，如果只一味地命令他，是绝对没办法帮助他的。

用说理取代命令

那么，该怎么协助孩子成为一个独立自主的人呢？关键就在于：不要命令孩子，而要和孩子讲道理。教育专家常和爸妈分享最重要的两个秘诀：“不要说教，而要说理；先说‘怎么啦’，再说‘怎么办’。”

这个时候，你的心中或许会浮现出一个想法：“孩子还那么小，就算讲道理他们也听不懂吧！”然而事实上，讲理不是要你和孩子说长篇的大道理，而是在真实情境中，协助孩子理解状况，掌握自己的行为，做出判断和选择。因此从婴儿时期，就可以开始和孩子讲理。

当一个小婴儿哇哇大哭时，爸妈不会直接塞奶嘴给他，而是说：“怎么啦？是尿布湿了吗？还是肚子饿了……”一边安慰他的情绪，一边拼命地猜他要表达什么，你不会生气地觉得他是在给你找麻烦，这就是在和孩子说理。

说理要从小就开始，从孩子还是个小娃娃时开始，在他哭的时候安慰他说“怎么啦”，就算孩子长大后也是一样，继续通过“怎么啦”来理解孩子的状态，表达我们的关心，也协助孩子理解自己的状态，弄清楚自己的感受，之后就能发展出思考接下来“怎么办”的能力。

这个过程，看起来很像只是在关心孩子，然而，这却是很重要的“练习说理的过程”，因为，我们的关心能够帮助孩子把自己的情绪和感受转化为旁人也能够理解的话语，自然而然，孩子就越来越能够表达自己的感觉，不再只会闹情绪，越来越有好好讲理的能力。

倾听孩子的感受

想要跟孩子说理，建立亲子间好好说理的习惯，一定要愿意聆听和理解（协助你理解孩子，也让孩子理解你），然后基于理解厘清状况，再来想怎么做比较好，怎么做自己最不会后悔，并且自己能够承受得来。这个过程是理性的发展，不管多大的孩子都一样，就算孩子很小也可以用比较清楚简单的语句，多帮他一起猜想，让他理解情形。

比方说，当小孩进到厨房玩燃气炉时，除了赶快把孩子带离现场，也要问孩子：“怎么啦？为什么你那么想去碰这个，是因为觉得很好玩儿吗？”有时候，也许他只是想要来找妈妈，到了厨房才突然兴起想碰燃气炉开关。

当孩子有状况发生，比方说和同学吵架，或是考试成绩不理想，这时，其实是孩子不知道该怎么办也最脆弱的时候，大人如果不能通过倾听，理解孩子的感受，只会一股脑儿地说教，对孩子发泄自己的情绪，孩子当然没办法承担这种巨大压力，只好逃走了。

孩子小的时候可能还会傻傻也听训，长大以后，他自然就学会把自己的问题隐藏起来，不让爸妈知道，造成亲子关系的疏离。

容许孩子“做不到”，容许“再等一下”

孩子不是爸妈的附属品，你应该认真地把孩子当成一个有情感、有知觉、精致的生命来对待，当他发出任何信号时，愿意多去了解，协助孩子弄懂到底怎么了，多花一点儿心思，协助孩子理解和感受，并经历这些选择，培养出孩子面对困境所需的各种能力。

先让孩子理解自己的情绪，再慢慢引导孩子考虑到周遭的环境、人的感受，陪孩子以他的基础做出最好的选择，然后，有耐性一点儿，因为孩子不可能一天就从“不会”变成“很会”。过程中要容许孩子“做不到”，容许“再等一下”，这是孩子非常重要的成长过程。爸妈不只是照顾孩子的身体，更要陪在孩子身边，理解他的感受，当那个很亲很亲的人。

照顾心绝对比照顾身体重要。身体在安全无虞的情况下，照顾以基础的需要就好；感情的照顾则要特别用心，让孩子感受到满满的爱，这样孩子就算是遇到再大的困难，也会觉得：“我可以的！”并保有“我知道这很困难，不会责怪自己”的自信。

每次说理，都是爸妈陪着孩子厘清感受，然后发展出解决问题能力的过程，这样的成长经验，将让孩子充满安全感与自信心！

04

和父母聚少离多，缺乏家庭温暖

某杂志做过一份调查，以同辈关系、品行、学业、情绪管理及自信心五项指标，请老师们评估学生目前的整体表现，发现有61.9%的小学级任老师[1]认为，一般学生整体表现较隔代儿（由阿公阿妈养育的孩子）好，隔代儿的问题普遍体现在“产生失落感，面临家庭温暖的不足”方面。

1 级任老师：是指担任一年级全部或主要课程教学和管理工作的老师。

教养小故事

小杰是一个寂寞的孩子，由于父母双双早逝，由阿公阿妈抚养。虽然祖父母在生活上还不算匮乏，但是毕竟年纪大了，除了平常帮小杰打理衣食住行之外，祖孙们很难说上什么心里话。加上阿公阿妈体力也不像年轻时一样可以陪孙子玩耍，当小杰渐渐长大，和祖父母的感情也渐渐淡了。

在学校时，小杰总是调皮捣蛋，老师同情小杰从小就失去了双亲的照顾，所以每次惹是生非之后，都会在午休时间找小杰到办公室，好好鼓励他。但老师同时也发现，虽然每次谈话后小杰的表现会改善一些，但是过不了多久，好不容易觉得可以放心了，又会再一次发生同学之间的纠纷。对于这样的情况，老师也只能无奈地摇头。

经常给孩子关爱的眼神

孤独的孩子，通过吵闹来讨爱

有个学生才上二年级，每次我去安亲班教作文的时候，他总是要抢在第一个进教室，然后拉着我拼命不断述说，这个星期发生了什么事，一下子是他参加庙会活动，一下子是妈妈买给他什么新玩具……等其他小朋友都进教室坐好，而我要开始上课了，他还讲个不停，我得听他好不容易讲到一个段落了，再轻轻地跟他说："你下课再继续告诉我好吗？我们现在要上课了。"

这个孩子一听要上课，我不能再听他讲话了，就开始借故和其他同学打闹，有时是拿别人的东西，有时是向别人丢小纸屑，不然就是自己拿出新玩具玩了起来。有时候其他小朋友觉得他很烦，希望赶快上完课赶快下课。除了我讲课时常被他打断，其他小朋友也为了避免干扰而换座位离开他，接着这个孩子就更孤独了。

这个孩子的父亲刚过世，母亲忙着工作，平常他都由阿妈照顾。在学校或在安亲班又只能上课和写功课，我在他眼里看到对爱的渴望，他有时候会说："老师，我昨天梦见我爸爸来找我。"眼眶泛红，还噙着一汪泪水，令人鼻子发酸。

生活状态改变所引起的关注渴望

孩子在开始进入团体生活时，都会希望自己成为团体中的主角，希望成为大家目光的焦点。可能因为家里只有他一个小孩，父母本来就只需要注意他，到了学校老师却不像爸妈那么注意他；也可能父母都太忙，无暇对孩子投以关爱的眼神，因此孩子转而向学校老师索取关爱。孩子渴望注意的心理投射到行为上，有时就演变成了上课不专心、拼命捣蛋的表象。

所以这样的情况就经常发生了：有一些小朋友，因为想和同学分享父母新买的玩具，就带了玩具到学校去，但是小朋友忍耐不住想要赶快让同学知道他有新玩具，上课时间就把老师的话晾在一旁，拿出玩具开始把玩起来。一些小朋友看到玩具也忍不住将目光从老师身上和黑板上移开，然后开始有小朋友大叫：“老师！×××带玩具来玩儿！”接着全班都不约而同将目光焦点转向带玩具的小朋友，而那位小朋友还很得意地炫耀起来。

不管是否为上课时间，孩子有时也会随意拿取同学的文具或玩具，这种情况是因为现在的文具都制作精美，再加上很多卡通形象也都制成文具授权商品出售，小朋友一方面着迷于卡通人物，一方面又觉得别人的文具、铅笔盒都比较“先进”，总会觉得拿别人的自动铅笔比较“酷”，看其他小朋友上课时拿出新奇的文具，在“为什么我没有”的强烈渴望驱使下，就“未经别人同意”拿了其他小朋友的东西。

正常家庭成长的孩子，也可能缺爱

根据相关专家观察，从小学五、六年级开始，由于进入青春期，孩子受同辈影响更大，隔代及单亲儿的表现，就更容易看出和一般孩子的差异。一旦课业表现不佳，无法获得师长的关爱，回家又缺乏鼓励，很容易走上中途辍学的道路。

日常生活中，由于父母都很忙碌，一般家庭也常会出现这样的现象，当孩子每天只是上课、下课，很少有人和他谈心事的时候，即使生长在正常家庭，一样可能缺乏关心与陪伴。

小学一、二年级时会发生的事情，到了五、六年级或初、高中阶段也一样会发生，只是展现的方式不太一样，大一点儿的孩子会用“故意”挑战公权力或“藐视”公权力的方式展现出来，只要他心里被注意的渴望没有得到满足，状况会持续发生，只是手段改变了，甚至当你关心他们的时候，他还会对你嗤之以鼻，让你立刻火冒三丈，觉得“这孩子怎么这么难搞，这样也不行，那样也不行”。

多给孩子5分钟

其实孩子不过是希望师长可以多注意他，所以用上课吵闹来吸引老师的注意，而老师告知家长孩子吵闹时，家长如果针对这样的情况指责孩子，那么对孩子来说，越指责就是越注意他。孩子会以为只有借由这样的方式才能吸引注意和关心。

一般来说，遇到这种情况的老师大概会有两种做法，在多年安亲班的教学经验中，这两种做法我都试过，当时还不是很确定要怎么去揣摩学生的心理，后来发现这两种做法容易对孩子产生不好的心理影响。

大声呵斥，让孩子误以为是关心

一是立刻大声呵斥孩子停止吵闹，孩子大概只会安静5分钟，过一阵子又心痒难耐。他们可能是头低低的在桌子后面玩儿，或者继续和别的孩子打闹，老师讲了什么还是没听进去。

老师的呵斥有暂时的阻断效果，但如果孩子误以为这就是一种得到注意的方式，那情况还是不会改善，只会继续恶性循环。

假设是因为孩子携带玩具到班上而打扰班级上课秩序，最后老师没收孩子的玩具，而孩子本身对于自己的问题没有感受，不知道问题所在，没收玩具就会让孩子对老师产生厌恶感。那他下次有新玩具时，可能会因为怕被老师没收而不敢拿出来，但是对老师产生的厌恶感对孩子课堂上的学习可能会产生反效果。

有的老师会觉得，孩子有什么状况就要向家长报告，所以没收玩具之后，再写在联络簿上告知家长，说学生带玩具到学校，上课不专心，影响上课秩序，请家长不要买玩具给学生，并且注意学生是否带了不该带的东西到学校。

但是向家长“告状”之后，孩子因而被家长责罚，孩子通常不会感受到老师和父母对他的关心，而是会直觉地认为：“都是老师爱告状！”师生关系就开始有了隔阂，叛逆一点儿的孩子甚至每到上课就故意唱反调，秩序越来越差，关系恶化越演越烈。

“冷处理”，让孩子沦为“害群之马”

遇到孩子在课堂上吵闹的时候，老师第二种处理方式大概是当场叫所有同学不要理会那个孩子，企图把大家的注意力拉回讲课的内容，用不予理会的冷处理方式对付孩子，或者通过罚站把学生立即抽离分心的情境，或用罚写来当作处罚的手段，甚至把孩子指为“害群之马”，立刻宣布等一下进行随堂抽测及考试。

不过即使叫大家不要理会吵闹的孩子，其他孩子还是会不由自主地分心。老师上课有趣的程度当然比不上新奇的玩具，而冷处理的方式如果使用不当，短期内师生关系恶化的状况可能不明显，但是一两次之后，同学之间会开始产生厌恶感，进而轻视这个学生。通常老师比较不注意的也是容易受欺负或受忽视的学生，如果他又是成为“害群之马”的那个人，就会在短时间内成为被大家讨厌的对象，会开始产生自卑或自大的心理，不是受欺负就是欺负别人，很容易变成校园霸凌的主角，最后只会觉得造成这种状况都是因为老师，跟着愤世嫉俗起来。

教养要赏罚分明，适可而止

平时多和孩子聊天，也多和老师沟通，有助于了解孩子的生活状况，但在知道孩子上课时间吵闹或随意拿取别人的东西时，父母要怎么去引导呢？

其实对大人来说，笔就是笔，铅笔盒就是铅笔盒，橡皮擦造型再好看也不过就是个橡皮擦。但是在孩子们的眼中，随着使用文具层级的不同，好像他们的等级也是不同的，会去拿别人的文具来把玩，有时候也是出于羡慕或嫉妒的心理。

如果在学校有学生问："老师，为什么小朋友必须用铅笔写字？而大人可以用原子笔写字？"老师不如借此机会教育一下，重视物品的外表不如注重物品本身实际的用途，拿铅笔写字是因为有的字小朋友还不太会写，如果写错了，划掉很丑，也常常要用修正带，等到大一点儿会的字多了，就可以用原子笔了。

在学校的时候，规则要讲得很清楚，让孩子充分地了解什么时候可以做什么事，可以带玩具到学校，但不应该在上课时间拿出来玩儿，不可以随便拿别人的东西，就像吃饭时间也只能吃饭一样。这感觉很像男生当兵，在军队中要绝对服从一样，但是我们可以采取比较委婉的方式，让孩子了解发生的原因，而处罚的方式则尽量不要在全班面前展现，以免伤害孩子小小的心灵。

而在家里，在孩子吵着要买新玩具时，也不要一下子为了安抚孩子而满足他，我们可以告诉他："如果现在决定买了这个玩具，一个月之内就没办法再买别的玩具，万一日后又想买别的新玩具，就不能再买了。"让他了解金钱，让他了解新玩具的价值在哪里。如果他当下真的很想买这个玩具，之后就要坚守每一次的承诺，否则他会一而再、再而三地故技重施。

小学阶段的孩子还不懂得理性沟通和判断，先了解吵闹的原因，再引导孩子理解守秩序和专心听讲的理由。当然也要对于购买新玩具加以节制，过分地替孩子购买新奇玩具会养成孩子对物质生活的依赖，而完全不给他们购买新玩具又会使他们觉得自己比不上其他同学。

如果家长在了解孩子因为羡慕而经常在学校随意拿取同学的物品时，也应该教育孩子随意拿取他人物品是不正确的行为，至于在什么状况下他可以得到他想要的文具或玩具，就必须审慎思考，在适当的时机为他买一件他喜欢的文具作为奖励，同时也增加了孩子对于读书的动力。但不能养成他达成某种责任或义务时，都要求有回报的习惯，这样不利于维持某些团体秩序。

有次我在上课的时候请同学们安静坐好，我“借”他们的眼睛看黑板，有个学生反问我：“如果我们看黑板，有什么奖品吗？”当下让我觉得好气又好笑，孩子天真的言语，却反映出他们已经养成如果依照大人们的说法做大人们所要求的事情，他们应该得到“奖赏”的习惯，而这个习惯却是不合理的。

就像遵守交通规则是正确的，但不会因为不闯红灯就要给奖金；公交车或捷运[1]到站时先下后上并且排队上车是为了让大家都能尽快上下车，也没有人因为排队上下车，所以就获颁好市民奖。反过来说，难道因为不会发奖金，所以我们就可以闯红灯和不排队搭乘公共交通工具吗?

在安亲班教学的时候，也有学生因为在学校小考考一百分，所以要求他得到不用写练习卷的“特权”。写练习卷是安亲班为了确认孩子是否了解及掌握了学校老师所教的课程，一次小考考一百分，不代表真正吸收了所学的知识，练习卷不是老师用来刁难学生的手法，既不是安亲班的罚则，也不会用“取消”来作为奖励的手段。

孩子不开心，家长也会心疼孩子，但千万不要让孩子有太多分心的借口，适当地阻止孩子带玩具到学校，家长也可以和学校老师沟通学期当中是不是有什么活动，能让所有小朋友分享玩具，这样家长和老师都可以让孩子们适当地

1　捷运：指一种便捷又快速的大众运输系统，地铁是其中一种公共交通工具。

抒发与满足心理上的需要。

可能是我自己对于人的行为比较敏感，对于是非对错的价值观也经常反复思考，我发现许多周遭的大人们，有时候表现出的某些行为，受到从幼童时期一直到进入社会之后的生活经验的影响。缺乏爱的孩子，长大之后不知道该怎么爱别人，也不知道面对别人对他的关怀时该怎么反应；价值观混淆的孩子，长大之后对于小奸小恶的判断经常是以自我利益为优先的考虑。所以，满足孩子心理上的需要，同时也是在培养他们完整的人格。

05

混乱的随性生活作息

小孩的安全感，除了建立于与爸妈的互动外，家庭的环境也是孩子安全感的重要来源，混乱的家庭环境与生活作息，会让孩子无所适从，充满不安全感。这是源于孩子对未知事物的恐惧，只有井然有序的生活，才能让孩子感到安全；一旦这个秩序有所变动，孩子就会产生焦虑和恐惧。

教养小故事

对小华的爸妈来说，光是每天叫小华起床、吃饭、哄他上床，就让他们累得说不出话来。为什么“什么时候该做什么事”这样简单的事，一旦家里有小孩后，就像一场没有尽头的战争呢？小华的爸妈真希望在小华身上装个“神奇开关”，控制小华的生活作息……

固定作息让孩子有安全感

许多孩子在学校与在家的时候判若两人，常让爸妈觉得幼儿园老师一定有什么魔法，可以让在家拖拖拉拉、弄不清楚什么时候该做什么的孩子，该吃就吃、该玩儿就玩儿。一位教育专家表示，其实也没有什么了不起的方法，只是因为园所的生活作息是固定的，这样的固定作息使孩子有所依归，知道什么时候该做什么，就算一时忘了，老师只要稍作提醒，孩子自然很快就能进入状态。

其实，你也可以在家里对照处理，陪着孩子建立属于自己家庭的生活步调。全职妈妈可以规划每天的时间表，在固定的时间叫孩子起床、陪孩子玩、出门散步、睡午觉……下班才接手照顾孩子的爸妈，更应该善加规划每天相处的短暂时光，尽可能不要让工作影响家庭的作息，每天都要善于把控全家共进晚餐的时间、睡前的讲故事时间……因为规律的生活，不但能给孩子安全感，也有助于他弄清楚情况，让孩子更容易遵守规则。

对经常因为没时间而倍感压力的现代爸妈来说，在时间有限、精力有限的条件下，被压缩或牺牲的往往会是有品质的亲子互动时间。但是对身心还在发展中的孩子来说，每一天和爸妈好好相处的时间，是什么都没办法取代的重要心灵能源。

通过有条理、规律的生活作息规划，不但能让孩子有安全感、乐意配合，也能减少亲子间的冲突，还能增加亲子相处的品质，确保有品质的亲子互动时间不会被压缩或省略。

那么，该怎么建立固定的家庭作息呢？专家建议，应该从吃和睡这两个重要大项来分割每天的生活，然后，再做其他细项的规划。毕竟，早晚作息与吃饭常常成为亲子冲突的爆发点，如果通过规划能让孩子习惯，容易遵守，不但爸妈轻松，孩子也能从中获得很大的安全感。而当你将吃与睡的大项定下来后，还可以进一步规划孩子的游戏时间、出门散步时间、睡前游戏时间等。如果家中不止一个孩子，更可以规划出分别和每个孩子独处的时间。

你的孩子睡得够吗

美国国家睡眠基金会的一项研究发现，有将近四成的孩子是睡不饱的（该基金会建议：学龄前的儿童每晚应该睡足11～13小时，而5～12岁的孩童则应睡足10～11小时，青少年则应睡足9小时），有25%的父母发现，孩子在白天出现想睡、疲倦的现象。而也有研究显示，与睡眠充足的孩子相比，睡眠不足的孩子体重超重的概率大了许多。

那么，你家的孩子睡足了吗？虽然每个人需要的睡眠时间都不太相同，但应该不难从一些迹象来判断孩子是否睡足了，比方说：孩子是不是起床时很困难？会不会整天看起来都很没精神？食欲不好？脾气很差？情绪起伏很大？

如果你观察到孩子有以上的迹象，请下定决心，排除万难，在家庭的作息表里，为孩子安排充分的睡眠时间。比方说，如果你的孩子每天早上7点起床，就要让孩子在晚上8～9点上床，让孩子睡足10～11小时。

亲子专家发现，许多让父母深受困扰的行为问题，往往是孩子没有睡足所引起的，疲倦的孩子往往容易乱发脾气、容易和人起冲突、食欲不振，所以只要父母替孩子建立固定的作息时间，让孩子睡足以后，许多行为问题会像变魔术一样大幅改善！

虽然对双薪家庭的父母来说，要早早陪伴孩子就寝简直是不可能的任务，但是念在对孩子身心健康的好处，以及可以减少处理孩子行为问题的麻烦，建议爸妈还是要排除万难，设法让自己的孩子睡足。必要时把工作带回家，或是夫妻两人轮班，陪孩子准时上床，都是可行的方法。

几点该吃饭呢

决定好上床与起床时间后，接下来就该定下三餐的时间了。经验老到的父母更会发现肚子饿的孩子容易失控，如果家里有小孩，在固定时间吃饭是很重要的事。专家建议，在定下三餐的时间后，还可以依照孩子的年龄，安排两餐之间的点心，最高指导原则是不要让孩子饿肚子，也不要让孩子在吃饭时间不饿。你可以观察孩子的反应，调整正餐与点心间的时间间隔。

这样一本正经地谈论吃饭，会不会正经得有点儿好笑？其实一点儿也不！

事实上，如果还能全家一起吃饭，对孩子来说，好处更多呢！美国的一项研究指出：每周能和爸妈共进晚餐五次以上的孩子，学习成绩会比较好；药物上瘾的概率大幅降低；遇到困难的时候，也愿意向父母求助。

一起吃饭，不是大家把食物塞到口中，填饱肚子而已，更是全家人一起享受美食，享受彼此的陪伴，分享当天生活点滴的好机会。吃饭的时候，千万不要全家人盯着电视看，让电视成为晚餐的主角。

如果你的孩子吃没吃相、没吃两口就四处乱走，没办法在餐厅中陪你一起享受美食，那么，你就该想一想，是不是平时没有机会和孩子好好坐下来进食，甚至养成追着孩子喂食的坏习惯，这样孩子当然没办法理解好好吃饭的意思了。

尊重孩子的秩序感，是一种身教

当家庭的作息固定下来后，如果遇到特殊的事件或日子会影响平日的作息，父母就要尽可能事先告知孩子，协助孩子了解，而能有所准备。比方说，某天因为孩子的学校活动或你的工作会议需要早起时，最好事先告知孩子，在前一晚提前上床，而不要事到临头，才要求一头雾水的孩子配合。

另外，在合理的范围内，我们也要尊重孩子因秩序感而引发的吹毛求疵，比方说：坚持每天散步都该走同样的路线；画画的纸张只要破一点点，就要求换新的；或是规定全家人晚餐时都要坐在固定的位置上。

当孩子因为某种秩序被破坏而哭闹时，请平静地陪伴他、倾听他并予以共情，再试着协助他找到释怀与解决的办法；或者不妨花费几分钟时间陪孩子一起“倒带”，用对的方法再做一次。

别担心这样会把孩子宠坏了！当你愿意理解并尊重孩子的感受或需求，尽量满足孩子对事物固定的秩序与完美无缺的追求，正好是一种身教。示范秩序是值得尊重的，即使是家人之间，大可以有商有量，协调出大家都感到舒服、安全的家庭规范与生活步调。

Chapter2

天哪！不及格的生活力

在孩子尚无自理能力的时候，帮他们做是自然的、应该的，但当孩子开始走向世界的时候，父母就该放手让孩子学习，让他们学着照顾自己，不论是吃饭、穿衣、洗澡等，父母只要在一旁监督、辅助即可，这样孩子才能真的成长。

导读

有人说：做人要勤劳一点儿，但是如果当了父母，强烈地建议您“懒惰一点儿”，因为越能干的父母，越容易教出懒惰的孩子。

疼爱孩子的爸妈，大都将孩子捧在自己的手心中呵护，当孩子小的时候，舍不得孩子做家事，长大以后，担心影响课业，更舍不得孩子做家事。有时候孩子偶尔想帮忙，爸妈还会跟孩子说：“好好念书就好，家事不用你操心。”因为孩子考100分对爸妈来说才是最重要的事！所以习惯把孩子能做的事都包办了，把孩子照顾得无微不至。等孩子开始上了幼儿园时，才发现孩子不会自己吃饭、穿衣……连照顾自己的基本生活能力都不具备。

其实，在孩子尚无自理能力的时候，帮他们做是自然的、应该的，但当孩子开始走向世界的时候，父母就该放手让孩子学习，让他们学着照顾自己，不论是吃饭、穿衣、洗澡等，父母只要在一旁监督、辅助即可，这样孩子才能真的成长。

再怎么疼爱孩子的爸妈，也没办法一辈子替孩子遮风挡雨。与其等到孩子大了以后，在职场上磕磕绊绊地学习，倒不如放手，从小让孩子动手做。从照顾自己到承担家务，让孩子体验到“我做得到”“我有能力”“我可以付出爱”……种种的成就感，如此孩子才能长成更有自信、更有能力付出爱的人。

别再说：“现在的孩子太难教了！”不少的孩子反而抱怨说：“都是你们把我宠坏的！”这究竟是谁的错？

06

衣来伸手、饭来张口的全包式照顾

少子化[1]的现代社会，每个孩子几乎都是家中的小公主、小王子，衣来伸手、饭来张口，天冷了，爸妈就追着孩子多穿衣服……慢慢地，孩子连最基本的自理能力都不具备了。

1 少子化：是指生育率下降，造成幼年人口逐渐减少的现象。

教养小故事

妮妮是家中的小公主，从小衣来伸手、饭来张口，什么事都由大人帮她做得好好的。妈妈享受着照顾孩子、宠小孩的快乐，孩子享受着公主般的待遇，一家人过着幸福快乐的生活。直到有一天，妮妮从幼儿园放学回来后，哭着说：“我不要去上学了，老师都不喂我吃饭，同学都笑我‘连自己吃饭都不会’！”

正向看待孩子的“不会”

类似上文中的现象并不少见。一位幼儿园大班的老师问孩子：“在家时会不会自己穿衣服、收拾自己的东西、帮忙做家事？”结果发现，超过一半以上的孩子都是由家长包办这些事。

当发现孩子生活能力低下的时候，爸妈应该正向地看待孩子的“不会”，不要觉得丢脸。比方说，当老师说“孩子不会自己穿鞋”“孩子吃饭掉满地”时，爸妈应该了解“我的孩子在这方面能力较弱，需要人帮忙”，千万不要指责孩子，让孩子觉得自己比别人差，而是要家长与老师合作，给孩子多一点儿练习的机会，在学校练习，在家里也练习，孩子慢慢地就能发展出应有的生活自理能力。

放手，是给孩子的最大祝福

坊间有一本书叫《放手让孩子做》[1]，序文中开宗明义地写出要点：“孩子不是‘不会’，只是不知道‘怎么做’！放手，是爸妈给孩子最大的祝福！”

孩子要有生活力，就要有自己做事的经验，然而前提是爸妈要懂得放手，这正是最困难的地方。爸妈可以转换护子心切的思维，来练习慢慢地放手：“所有事情让孩子独立做时，爸妈都会很担心。但是如果爸妈不希望把孩子养成一个没有能力、很可怜的人，就要让孩子一点一点练习。”

所谓“一点一点练习”，指的就是依照孩子的发展能力，有计划、有步骤地放手，这是因为对许多大人来说，根本是不假思索的生活琐事，像吃饭、穿衣、洗澡等，对孩子来说，其实并不是一件容易的事。

那怎么知道要分成多少步骤呢？教育专家建议，先让孩子试着自己做一次，爸妈就可以观察孩子还缺少什么，可以怎么分段来学习，协助孩子慢慢练习，反复操练，才有办法真正内化成为自己的生活力。

练习时放宽标准，先建立成就感

有一点要提醒爸妈的是，在替孩子养成生活力时，要放宽标准，不要期望孩子做到完美，要让孩子有成就感，觉得“我可以！我很棒”！比方说，许多亲子容易发生冲突的吃饭场景：当爸妈要训练孩子吃饭时，不要让孩子处于吃

---

1 《放手让孩子做》由相良敦子著，三采文化出版。不知道如何守护孩子、在家里该教孩子什么的父母，可从本书中得到解答。作者主张只要爸妈愿意在家尝试，让孩子自己做、承担责任、培养各种能力，孩子自然会养成独立自主的性格，不用担心孩子未来会缺乏生活能力。

不完的挫败中，不要一下子给孩子盛得太多，也不要给他不喜欢的食物，让孩子能够吃得完，让他觉得“我真的很棒，我明天还要再试一次”，一试再试，试到“自己吃”这件事可以内化成为他的能力。

用同样的方法和原则，随着孩子的发展步调，慢慢地让孩子培养起应有的生活能力，比方说幼儿园的孩子可以自己穿鞋、吃饭，等上了小学可以承担的责任更多，有更多的能力，就开始让他负责自己的功课。不要小孩一通电话，就替他把忘了带的东西送去，只要在安全无虞的情况下，都要让孩子试着为自己负责任，通过失败的经验，汲取教训。

教育，应该让孩子有能力适应未来的生活，爸妈从小让孩子练习面对生活的各种能力，通过自己动手照顾自己，不但能提升孩子的能力，也是培养孩子独立意识、体会自我努力的快乐、获得自信的最好来源。

一个什么都不会，样样等爸妈帮他做的孩子，就算智商再高、考试成绩再好，都不会是个幸福的人。甚至有研究显示，从小依赖父母的孩子，缺乏自理能力与独立性，总认为“就算天塌下来，也有爸妈顶着”。小时候倒还好，等到孩子越来越大，子女的需求和爸妈的能力差距越来越大，反而会因为爸妈的“帮不上忙”，引发亲子间彼此的不满和冲突。

生活体验不足的另一种后遗症

除了生活能力不足，爸妈的过度呵护还会造成另一种后遗症——越来越多的现代孩子，被认为有感觉统合失调的问题。什么是感觉统合失调呢？简单地说，感觉统合是将人类器官各部分感觉信息输入，组合起来，经大脑统合作用，对身体的内外知觉做出的反应：“感觉→接收分析→做出反应”是人最基本也最重要的一种能力。

若感觉统合失调，脑部感觉接收器及感觉神经通路就不能正确地接收外在环境的信息，而形成孩子动作的迟缓或不协调、反应迟钝，让家长、老师、同学误以为他们是故意捣蛋、不专心或智力有障碍等，因此无法建立良好的人际关系、没有自信，进而产生情绪困扰或行为问题，无法有效学习，甚至拒绝学习，形成一个恶性循环。

为何这个过去与特殊儿童教育连接在一起的专有名词，会变成现代爸妈的烦恼呢？这应该与生活环境改变有关，加上爸妈的过度呵护所造成的。

为什么现在很多孩子感觉统合能力不好？“因为很多家庭的环境太好，爸妈都替孩子做完所有的事了，孩子根本没有机会动。”从小学校长岗位退休、现任格林菲尔托儿所校长的刘美娥，总结她的观察之后说：“孩子没有机会自主地去尝试、学习、探究，上学后就很不适应。”

她观察到有的孩子极度怕脏，深入了解后便发现，孩子在家里身上只要弄到一点儿不干净的东西，妈妈或其他大人就会马上帮他擦掉。其实，感官的探索对孩子的身心发展很重要，处于感官动作期的孩子，需要充分通过与周遭环境互动的体验，将自己的感觉统合能力提升。而大人的爱干净，却阻挡了孩子对触感的摸索。

再加上生活状态的改变，使得居住在都市空间的孩子，因为生活空间小，无法通过爬行、走路、奔跑来感受身体的平衡、肌肉的伸展等，所以全身的大肌肉和小肌肉都没有机会好好地发展，结果造成感觉统合失调的孩子越来越多。

建议爸妈让孩子身体所有的大肌肉、小肌肉都得到锻炼与运用。不论是自我照顾的生活能力，痛快活动的大肢体游戏，或常常带孩子走出家门，让多姿多彩的大自然刺激孩子的各种感官，丰富孩子的感官经验……都能让孩子活得更好更健康，成为生活的智慧家。

07

不忍心见孩子受挫折

当小小孩跌跌撞撞地学走路时，爸妈再怎么舍不得也要放手。让孩子从一次次跌倒中，慢慢练习怎么站起来，怎么走得更好！因为，这是他以他的身体融入周遭世界的方式，而且，人最真实的知识须靠自身的体验得来，才能发展成智慧。

教养小故事

随着孩子慢慢成长，直至走出家门、步入校园，往往意味着逐渐脱离了爸妈照顾的“势力范围”。好在“家长参与”的潮流兴起，孩子的功课太多、太少，孩子在学校被同学欺负、没有人愿意跟孩子玩儿……都是爸妈可以介入的事情。“怎么可以让我的孩子受挫呢？”爸妈随时都可以到学校，也能通过电话向老师了解孩子的情况。

别当“草莓制造机”

许多爸妈都很担心自己的孩子变成“草莓族”，没有挫折忍受力，一碰就受伤。那么就要回头反省一下，自己是不是“草莓制造机”？自己是否舍不得孩子受挫？舍不得放手让孩子尝试，什么都替孩子安排妥当了呢？

就像身体能力的进步，要伴随着跌倒的“副产品”，其实心智能力的成长也一样。当我们的孩子在生活中，碰到困难与问题，不知该如何是好的时候，身为有过相同经历的爸妈，自然想以自己丰富的生活经验，帮助孩子做出理想的选择，让孩子可以快速解决问题。

但是，当你急于帮孩子解决问题，确保孩子不要因为犯错而付出代价时，其实也剥夺了孩子从行为后果中学习的机会以及独立解决问题的能力。

如果你急着给意见，不给孩子尝试的机会，会让孩子依赖成性，所有的事都不自己思考、自己想办法，只要照爸妈说的做就好。反正“成也父母，败也父母”，问题解决了是爸妈的功劳，问题没解决就怪爸妈的方法不好。将来长大，脱离爸妈的呵护范围以后，很有可能就没办法自己解决问题，变成没办法面对挫折的“草莓”一族。

尝试、挫败与承担后果

就好像学走路时一定要跌倒几次，学习替自己解决问题、负责任的同时，难免也要承担失败与挫折，这是孩子成长必经的路途。再怎么疼爱孩子的爸妈，也没办法代替孩子来承担。

让孩子有机会去经历失败与挫折，能帮助孩子为自己的行为承担后果，比方说，孩子应该自己准备上学用具，爸妈不要孩子一通电话，就替孩子把忘了带的东西送去，应该让孩子试着面对自己行为的结果，比如想办法跟同学借。让孩子有机会把自己的事情做好，面对没有把事情做好的后果，这样孩子才能学会替自己负责。

法国教育家卢梭认为，“让孩子承担行为后果的自然惩罚法”比人为惩罚更有效，不但不会造成亲子关系的疏离，反而能让孩子产生正确的因果观念。孩子会很清楚什么事该做，什么事不该做，会产生什么后果，然后从这样的经验中产生自我判断，这样的判断会比大人权威式的说教，更让孩子心悦诚服。

教孩子正向面对挫折

不过，放手让孩子面对自己行为的后果，有两个重要的前提：第一是要安全无虞；第二是要在孩子遇到挫折或必须承担后果时，陪着孩子正视挫败经验。

坦然接受生命中的挫败，将挫败当作学习的好机会，让孩子可以从挫败中找到下一次进步的契机。比方说，当小小孩不小心跌倒时，爸妈如果说："活该，不是叫你不要跑那么快吗？"或是说："是地板不好，我们打地板！"这样的说法，并不能帮助孩子下次不跌倒，只会让孩子觉得自己不听话，或是迁怒于地板，把责任都归于地板，没办法心平气和地思考下次怎样才不会跌倒。

但如果换一种说法："跌倒了，痛不痛呢？你看这里的地板高高低低的，走的时候要注意看，才不会跌倒哦！"孩子承担自己没好好看路的后果，了解爸妈对自己的关爱，也发现原来不同材质的地板要先观察一下再走，自然能减少不小心跌倒的机会。

引导孩子想出解决办法

随着孩子越来越大，面对人生各种选择的挑战也会越来越多。在需要介入协助孩子的情况下，爸妈也要随着孩子的成长，用有效的引导来协助孩子解决问题。那么，怎样才能有效地引导孩子呢？

专家建议，当孩子在学校被处罚或是有交友问题时，不要太快给孩子批评、指教、建议，先听孩子想说什么，再来看看孩子到底要什么，你才有可能真正去引导他。

举公交车上的亲子互动为例——当妈妈对孩子说："白色的鞋子要常常保养。"孩子就说："没有用，反正同学都会踩我的鞋子。"妈妈生气地说：

“怎么会有这种人？那你要跟老师说。”孩子没有说话。妈妈又说：“我刚才说的你有没有听到？要跟老师反映……”孩子还是没有响应。

分析上面这个互动：妈妈没有骂孩子，她的建议也没有错，但孩子不说话，代表孩子不接受。孩子有可能担心告状被同学讨厌、他不想洗鞋子、觉得反映也没用……但重点是——他不想接受妈妈的建议。到底孩子心里想些什么？因为妈妈太急着丢出建议，所以没机会听到孩子的想法。

因此，爸妈在给孩子提建议之前，要先听孩子怎么说：什么情况下别人会踩你的鞋子？有可能他们在玩儿的时候，不小心踩到；或者，孩子真的是不会保护自己……再问问孩子打算怎么办，是否想出了解决的方法。

大人急着给建议，孩子的聪明才智就发挥不出来。很多时候孩子比我们大人有创意得多。只要大人能陪着孩子把事情想清楚，帮助孩子做多方的沙盘推演：“如果这样做，会……”一定能商量出亲子都觉得可行的方法。在这个过程中，孩子学到觉察自己的情绪、从更多元的角度看事情。也因为这个结论，不是爸妈的命令或建议，而是孩子也参与讨论而得的，自然容易实践与完成。

08

不用担心，一切自有爸妈做主

生命中充满各式各样的选择，小至早上出门时要穿哪件衣服，大至人生方向的抉择，每个人所做的各种选择，决定了服装的风格，也决定了人生的主调和方向。再怎么疼爱孩子的爸妈，都无法代替孩子过未来的生活，替孩子做好每个决定。因为每个孩子都要独自面对自己的生活，面对各种选择，并承担自己选择的结果，不论好坏。

教养小故事

小乔是个听话的孩子，从小爸妈说什么，小乔都会乖乖听话照做，爸妈觉得自己真是太幸运了，可以生出这么乖的孩子。不过，随着小乔一天天长大，爸妈发现小乔很难做选择，每次问他想要选什么。他不是说“不知道”就是说“随便”。这让爸妈开始有点儿担心，连做选择都不会，小乔将来有办法独立面对生活吗？

让孩子参与家庭的变化

孩子虽然小，身为家庭中的一员，当家庭中发生重大改变时，他也会受到改变的影响，却常因为不明状况，而产生莫名的焦虑。在大人自己也兵荒马乱的时刻，往往很难有余力来照顾孩子的心情。

这时，爸妈应该提早让孩子了解，将会发生什么情况，并将整个事件从头到尾，仔细向孩子解释清楚：生活会有什么改变？为什么爸妈会做出这个决定？大人的考虑是什么？

举搬家为例，从准备搬家前一个月，就要提早告知孩子，说明搬家的理由、搬家需要做哪些事情，甚至可以列出搬家流程图与工作清单给孩子看：旧家的整理装箱、哪天要搬家、搬到新家后的拆箱与定位……爸妈还可以问问孩子，他想要帮什么忙。

这样清楚的步骤，会让孩子了解搬家的大概流程：想象事情的来龙去脉、各种事件的先后步骤、自己能选择帮忙的部分……让孩子参与家庭的变化，不但能平复孩子因为意外状况而产生的不安与焦虑，也让他成为“生活选择课”里的旁听生，增进对于做选择的思考能力。

当然，不是等到重大事故发生的时候才让孩子参与，平时就可以让孩子参与家庭的计划，比方说周末要去哪里玩玩，或者要去哪里参观等，让孩子参与讨论，并在讨论过程中发表意见，再投票表决。

一开始，孩子当然没办法说得很清楚，但是没关系，爸妈只要多给孩子时间与机会，认真把孩子当作家中的一分子，倾听孩子的意见，尊重他的看法。这样的尊重与耐心，会让孩子越来越有信心，依照自己的偏好做出选择，并有能力说明自己的选择从何而来。

有自主权，让人快乐又长寿

关于选择，有个有趣的研究，将养老院的老人分成两组：A组每周一、周三、周五吃水煮蛋，周二、周四、周六吃荷包蛋，B组可以每天自由选择要吃水煮蛋还是荷包蛋，结果B组的老人比较长寿。这是因为选择是一种对环境掌控的自主权，有选择权的人，往往会比较快乐、长寿。

不论孩子多小，一样都想要通过选择，来主张自我的存在：想穿印有车子图案的衣服，不想穿印有狗图案的衣服；只要洗澡，不要洗头；要吃马铃薯，不吃红萝卜……通过这些选择，小小孩正练习着表达“我的感受是什么？我喜欢什么？讨厌什么……”这是觉察自我、认识自我、建立自信的重要过程。

除了影响全家的事件，日常生活中，那些只影响到孩子自己的选择，也要多尊重孩子的想法与抉择。爸妈如果能放下“我说了算数”的想法，依照孩子的年纪与能力，多提供机会让孩子来做选择，不但能提升孩子的信心，也能促进他思考能力的发展。

小一点儿的孩子，受限于本身的认知能力与生活经验较少，爸妈可以协助孩子将选择做设计与引导。比方说，在冷天时，拿出两件保暖的衣服，让孩子选择其中一件，而不是任孩子在衣柜中翻出夏天的上衣，引发亲子冲突，也让孩子做选择的信心大打折扣。

大一点儿的孩子，爸妈还要更积极地提供更多的“练习题”给他。比方说，全家出门前，和孩子约定好逛街时只能买100元以内的一个商品，为了用100元买到最爱的玩具，孩子就要仔细考虑“下单”时间：会不会买了以后，又出现更喜欢的呢？万一等一下我想回头来买的时候，它就被卖掉了……

通过这样的过程，孩子要练习收集最多的信息，再根据手上的信息做出判断，然后勇敢地做出选择。如此，不但孩子的思考能力变得更好，爸妈对孩子的信任，也让孩子更有自信。

提醒爸妈，在你给孩子提供做选择的机会时，也要信任孩子有能力承担选择所带来的结果：当结果是好的，记得赞美孩子的选择；万一结果不好，也不要责备孩子，要让孩子有机会从错误中学习。比方说，当孩子买了车子以后，又发现更想买的沙画组，不要舍不得孩子难过，立刻掏钱替孩子买下来。只要同理孩子的难受，并和孩子讨论下次有没有更好的办法，可以确保自己买到的是最想要的东西，那么，未来孩子在遇到同样的选择情境时，一定更有能力做出对的选择。

放手让孩子面对未来的选择

从小让孩子练习做选择，比如说，从为自己每天的衣食住行做选择，参与家庭变化“旁听”爸妈如何做选择，进而在家庭事务中做出选择并说服别人……这些都是培养孩子做选择的“练习题”，让孩子的思考更周详，分析能力更强，更有勇气做出选择，并且能够自己承担结果。

这些练习，一方面能帮助孩子更有思考力、更有责任感，另一方面也让爸妈能安心一点儿，确保孩子在未来的人生道路上，有办法替自己做出最好的选择，让人生之路走得更顺。虽然爸妈都希望孩子照着自己规划的路就能一路顺遂，但孩子不见得愿意照你规划的罗马大道行走，偏偏想要自己闯闯看。

当孩子面临要当兵、复读等选择时，我们要想到，为人父母可以影响孩子，但不能替孩子做决定。放手让孩子去闯吧！尊重孩子的选择，等于尊重他的思考和判断，也就尊重了他的未来。相信你的孩子在满满的爱中，拥有自信与智慧，能找出适合自己，让自己发光发热的路。

09

孩子有求，父母必应

在这个消费年代中，无数大量曝光的广告企图主导我们的人生，挑起消费者的潜在需求，感觉非得买××，才能彰显自己的品位与独特价值。社会观察家发现，某种程度上，人们变成在滚轮上拼命跑着的小白鼠，拼命赚钱的同时也拼命花钱，买回“我很棒”的意象。

教养小故事

明明的爸妈共同经营一家代理公司，生意很好。为了抢订单，爸妈常常要超时工作，甚至假日也要出差。所以明明的生活由菲佣照顾，学业由学校老师和安亲班老师合作，连假期时都有专门的营队可以收留明明。当明明希望爸妈多陪自己一下时，爸妈总说：“等我们有空的时候再陪你玩儿，你不是想买最新的游戏机吗？这些钱给你去买吧！”

动摇消费根基的消费观

这样的心态也影响爸妈亲子教养的态度。日本心理、社会文化大师河合隼雄在报道中提到：“曾有父母问我：‘有没有设施可以把我的孩子变好？不管多少钱都无所谓。’”这种“只要买得到好结果，不管多少钱都无所谓”的消费者心态，让忙碌的爸妈选择将教养孩子的工作“外包”，认为“越贵的学费就越能证明我对孩子的爱”，所以再贵都值得。

当爸妈将教养工作都“外包”的同时，为了弥补不能好好陪孩子的内疚感，往往也选择用物质来补偿孩子：“虽然我人不在你身边，但是买你想要的玩具陪你，也是一样吧！”选择将孩子对爸妈的爱与需求，“代换”成物质的补偿。

美国一项研究询问8～18岁的孩子：“什么事物会让你快乐？”十二三岁

孩子心中的前两名是“金钱”和“名牌服饰”。学者认为这样的孩子缺乏自信，将拥有许多高档商品当作自己的快乐来源。当这样错误的价值观在孩子心中根深蒂固；当一个人的快乐，不是来自人际互动的爱与被爱，而是建立在物质上，将来为了一个名牌包包，孩子愿意付出的将是什么样的代价呢?

一名在知名大学担任行政工作的资深助教也观察到学校生态的改变，越来越多大学生抱着消费者心态进入校园，认为学校的一切行政应该配合“我的需求”，凡是让自己不方便的行政流程，比方说选修限制、补考流程……都是“不尊重我的权益”，全然忘了求学的目的何在。在这种心态下毕业的孩子，从学校里到底能学到多少东西呢?

有求必应，让孩子没有“希望”

或许，从物质生活享受来看，这一代的孩子真的可说是“最幸福的一代”，由于经济条件的提升，加上家庭中孩子越来越少，独生子女的比例越来越高，孩子拥有的资源越来越多。

当孩子要什么就能得到什么的时候，孩子的人生反而变得“无聊”“没动力”，要什么东西，开口就能得到，孩子也就没有机会体会靠自己努力，费尽千辛万苦后，获得想要的东西那种甜美无比的成就感。

心理专家形容，这些在“愿望尽头”的孩子，反而像希腊神话故事中那些百无聊赖、总是唆使别人发起战争的神祇们：“正因为他们要什么有什么，有任何愿望马上可以实现，就变得不再有希望。希望，是建立在有未实现的理想、有需要花费力气才能满足的需要上。由于不需要希望而失去希望，神也会变得烦躁。”

幸福重要，还是财富重要

你猜河合隼雄怎么回答“有没有设施可以把我的孩子变好”的问题？他的回答是：“有，而且不要钱，就是你的家，不花钱，但费心。”孩子想要的很简单，就是爱自己、愿意陪伴自己的爸妈。

虽然生活和工作的压力真的很大，但爸妈应该想清楚生命中的优先级，是孩子的未来和幸福重要？还是拥有想买什么就买什么的财富重要？做对选择，尽力在能陪伴孩子的时间中好好陪他，满足他被爱与爱人的需求，也让孩子了解“虽然爸妈很爱你，但不代表你想买什么东西，我都有义务买给你”。试着用孩子能理解的语言，让孩子了解简单的家庭收支概念，不要让孩子的物质欲望无限扩张。

有关研究报告显示，长期习惯父母“有求必应”的孩子，有较高比例容易养成以“自我”为中心的人格特质，让孩子造成“世界绕着我转”的错觉，认为别人理所当然要对他好，而不懂得对别人好，错失为别人付出后能获得满足感的体验。

有限度地响应孩子的需求，让孩子理解真实的世界中，不是他想要什么都能得到。丰富孩子的生活体验，让孩子了解许多快乐是建立在人与人的互动与自我实现上，而不是只有买东西才会带来快乐。

还给孩子“付出而后得到”的幸福体验

一位妈妈说，“当孩子在卖场中用‘可怜兮兮’的眼神看着我，我就会心软松口”。对爱孩子的爸妈来说，满足孩子的需求，同时也满足爸妈给予的乐趣，真的很难拒绝孩子的要求。但是，爸妈要提醒自己，有求必应的同时，孩子也失去了自己争取的乐趣，失去了学习生活、靠自己努力来获取幸福的体验。

“有时候要让孩子等待，而不是他想要的东西都要给他。”一位专家有一个不错的办法，她和孩子约定好，每年生日时可以选一个想要的玩具。平时，孩子逛玩具店时，每次想买的东西都不一样，她就会给孩子一个小本子，把自己想要的东西记下来，等到生日时再看看清单上的玩具有哪些。如果除了生日礼物以外，还有其他想买的东西，她就不会买给孩子，而是要求孩子用自己存的零用钱来买，最近，她的孩子已经成功存到买最爱玩具的“巨款”了。

最近，许多爸妈开始关注孩子的金钱与预算教育，这些其实都需要从小练习，让孩子拥有自己的零用钱，学着分配、规划、掌控自己的积蓄，就是最有效的方法。

10

再累都不放手

孩子会长大，上幼儿园，接着是小学、初中、高中和大学，接着进入社会，你也许感到不可思议，但还是必须告诉你这个残酷的事实。从孩子开始进入团体生活那一刻，你会发现，越来越不了解每天都见面的这个孩子，直到有一天你会发现其实真的不太懂他——你最珍爱的宝贝到底在讲些什么。

教养小故事

刚升上初二的伟翔在开学之前，趁着暑假的时候参加游学团，因为伟翔是一个自律性极强的孩子，所以不太需要父母多操心。即使如此，伟翔的妈妈也成天为唯一的儿子操心：“你这周就要出门了，东西都准备好了吗？”“妈，你不要再管了，好不好？”伟翔不耐烦地说。伟翔的妈妈爱子心切，听到儿子这样说只得忍住，但是一颗心还是悬着。

不得不承认，孩子真的长大了

父母总是在想：当孩子在学校时，都和同学一起做些什么？当他们终于有了好朋友，他们的兴趣又是什么？当和孩子的互动逐渐减少，互相了解的机会也越来越少。

有趣的是，父母总是以为自己最了解孩子，学校老师也都这么以为，以为有什么事向父母说明就好了，但偏偏孩子愿意讲心里话的对象，却总不是父母和老师，而是他们认为会和自己站在同一边的人，是最了解自己的人，这种人通常是他们的好朋友，有什么问题他们的好朋友会最先知道，父母和老师往往是在最后才了解，原来孩子是这样想的。

教学多年以来，常常听到孩子们告诉我一些不可思议的事情，这些事情可能是他们开始谈恋爱，有了恋爱的问题；有时候是爸爸要他将来当医生，但是他自己觉得不可能，而且念得很辛苦；有时候是和我分享流行信息，才知道原来孩子们有自己的审美观，和我们这个年代的大人有很大的差距；有时候他们会告诉我他们在学校做什么坏事，他们可能抽烟、破坏公物，原因是自认为很酷和精力旺盛，学校太无聊。

知道我担任语文老师的朋友，有时候会诧异："为什么你的学生都敢告诉你这些？不怕被骂吗？"我总是笑笑说："就是不怕被骂啊！"我也曾经因为学生问了一些感情或两性之间一般老师不愿意回答的话题，而向他们提出："嘿！孩子们！这种问题应该问你爸妈会好一点儿吧？"毕竟一般家长不愿意看到补习班老师对孩子有问必答的程度如此开放。

但这时候孩子们会用一种哀求的眼神看着我，接着说："老师，因为问我爸妈就等着被骂一顿啊！"显然他们的顾虑和我一样，这些他们想问的问题对家长来说都是禁忌。

因为会被骂，所以不敢和自己的父母讨论或商量，那么逐渐长大的孩子心里在想什么，在学校都做些什么，父母自然不得而知。学校老师发现问题后向父母反映，父母肯定会大吃一惊。孩子在家要面对父母突如其来的质问，在学校还要面对老师的监视，聪明一点儿的孩子早就学好一套阳奉阴违的招数来应对。

我有个学生说他小学就抽烟、混帮派，爸妈都不知道。一直到初中发生了一件比较严重的斗殴事件之后才曝光，他爸妈开始禁止孩子除了上课之外的所有活动。但天晓得孩子用什么方法继续和帮派联系，一直到他的帮派头目被抓进去了，他才淡出自己所属的小帮派。

从孩子的眼睛看他们的世界

有时候孩子在成长期间所遇到的事情会让他获得成长，像刚刚提到的学生，在混帮派期间他还因为帮派的事情被围殴加恐吓，他爸妈知道他被打伤了说要告对方，他却用自己的方法让自己全身而退，情节宛如电影一般在生活中上映。但可以确认的是爸妈建议他的方法在帮派行为中绝对会起到反效果。

提到这些不是主张孩子混帮派是好的，但是父母对于每天见面的孩子却真的是一无所知，他们也不了解孩子有自己的处理方式，更不了解在他们的生活圈中到底发生了哪些事情，什么对他们来说是重要的，什么对他们来说是无所谓的。我们一直把自己的价值观强加在孩子身上，他们只会觉得我们是老古板，不了解他们的想法。面对这样的情况，我们究竟应该怎么做才好？

首先，要放下我们大人的身段，站在他们的立场和位置去思考他们每天所遇到的事情，面对他们所遇到的、所发生的事情不是一味地反对再反对，先倾听，先思考，再和他们讨论，清楚地说明我们要他们完成的事情，例如：读好书，为什么要他们读好书，而他们也可以提出自己为什么对于读书这件事情缺乏兴趣，他们比较有兴趣的是什么。毕竟人生不是只有读书这件事，有时候，很多事情比读书更重要，例如：快乐。

接着，问他们“为什么”，为什么孩子要穿耐克的名牌球鞋，而不穿菜市场、路边摊卖的平价球鞋？为什么孩子们的服装仪容不想遵守学校的规定？要到什么程度才是孩子可以接受的？为什么想要文身？为什么要和那些朋友在一起？这些问题的答案只有孩子们自己才知道，他们有自己的认知和价值观，但没有问他们“为什么”之前，他们不会讲出来，甚至当你问“为什么”的时候，他们也不见得照实说，因为说出来“会被骂”。

这就是为什么我的学生愿意和我分享他们人生中所遇到的各种疑问，为什么他们觉得和我讨论事情比和父母讨论事情对自己更有帮助，因为我是站在和他们相同的位置在思考，并提出他们可以做到的建议。

就像我的学生一直考不及格，但我也不会一下子要求他们每科要考一百分。我会请孩子先从比较有兴趣，或者比较可以达成的科目做起，每次一点点地努力。他们觉得这要求不过分，就愿意和我一起努力完成我们的目标。当他们完成了目标，我们还会一起去买饮料庆祝一下，下个阶段再一起设定新的目标，一起达成。

了解孩子不是一件很困难的事。孩子通常没有什么心机，大人们一眼就可以看穿他们的把戏，我们都曾经是个孩子，他们表现得很叛逆时，大人们也请想想自己小时候是不是也是这样走过来的，把事情摊开讲个明白，他们也才会向大人们说出自己心中的想法。所以，请试着了解他们，从他们的角度看世界。

父母也要学着相信孩子的品格

我看过一份很有趣的数据，数据上说这些情况是孩子变坏的征兆，引用如下：

青少年学生误入歧途前的行为特征可分为3大类——

1.在学校的情况

经常迟到或逃学；上课睡觉、照镜子、吵闹、任意走动、看漫画或听随身听、不交作业、成绩一落千丈、有作弊行为；向同学恐吓要钱或借钱不还；带头起哄，排斥好学生；被记过或处罚，毫不在乎；喜欢使唤别人；顶撞师长、我行我素；看人不顺眼，就想跟人打架、闹事；身上有烟味或有香烟；喜欢讲暗语或江湖术语；经常说谎或比较叛逆。

2.在校外的情况

出入校门有外界人士（不是家人）接送；常在电动玩具店打电动玩具；成群结党，交往男女朋友；参加帮派；爱做刺激的活动，如飙车、吃违禁药品等；放学后在外游荡，不回家。

3.在家的情况

经常离家出走；电话突然增加，或讲电话很久；常一个人关在房里，不知在做什么事；钱用得很快，要求增加大量零用钱；不听父母的话，会顶嘴；几乎每个假日都有朋友邀约外出；偷看色情漫画、视频等。

有些爸妈大概看了看以上特征，就会开始紧张："不知道我的孩子是不是也有这样的情形？""我的孩子好像也会这样。""我的孩子是不是变坏了？"种种的疑虑纷纷涌上心头。各位亲爱的家长和老师，这些都只是表面上的特征，该关心的是引发这些行为的原因，而不是结果！

如果把这些所谓的"问题行为"做成问卷，由老师发给班上学生不记名填写，大概可以发现孩子们多多少少都有上面那些行为，而好孩子真的就没有上面的行为特征吗？即使没有，也会有别的问题行为，但是同样会被老师及家长忽略，因为他们只在乎有没有上述那些问题，却不在意这些行为产生的根源是什么，不了解这些行为的根源，只是一味地认为这样的孩子会变坏，然后加以强硬的管制。

不了解问题的根源，却想解决问题是不可能的。我们在算数学应用题的时候，第一件事不是埋头猛算，而是要先看懂题目再依照题意套公式求解；写作文的时候也是一样，连作文题目都没看清楚，有导引文字不看，有图解不看，结果原本是一篇简单的看图说故事硬是被写成似是而非的议论文，这样文不对题，怎么可能写得出一篇好作文呢？

曾经有一个案例：

有一个小女孩每次上课都打瞌睡，老师告诉父亲，父亲觉得很生气，就质问孩子夜里都在做什么，结果小女孩什么也没做，早早就上床睡觉，但是她睡不好，老是赖床，到了学校又因为睡眠不足而打瞌睡，长期下来成绩一落千丈。

考试考不好，自己不知道该怎么面对父母看到成绩单后铁青的脸，不敢回家，经常在外游荡，而学业上没有自信，整个人黯淡无光，脸上的笑容变少，连朋友都变少了，爸爸质问她在外面做什么，她也答不出来，只好默不作声，爸爸以为小女孩叛逆期到了。

老师看情况不对劲，建议爸爸带女儿去看心理医生，才知道小女孩因为时常看见爸妈吵架，两人吵着吵着就说到了离婚，心里很不安，才开始睡不好，跟着是失眠，然后才影响到学校的表现。

像这样的案例，表面上看起来和上述情况相符的项目有四五个之多，但小女孩真的变坏了吗？其实并没有，她只是因为担心父母如果真的离婚了，她不知道要选哪一边，她不想没有爸爸，也不想没有妈妈，她其实只是很单纯地想要有一个完整的家庭而已。后来经过心理辅导，她的情况改善了，终于走出了阴霾。一开始爸爸的担心其实是多余的，而如果不是看了心理医生，小女孩可能真的会走极端。

自然成长就不会变坏

其实当孩子渐渐长大，他们总是有些秘密的，那些秘密是他们的隐私。现在的孩子们很聪明，有时候他们一群人聚在一起，我凑过去问他们在讨论什么，他们就算和我很要好，也不会告诉我他们在说些什么。他们会眨眨眼，一脸古灵精怪地说："这是我们的隐私。""你不要侵犯我们的隐私权。"当然我是一笑置之，总之孩子们不要出什么岔子，功课不要荒废，做人处世一切正常，就没什么好管的了。

有个学生的妈妈一直管得很严，连在家附近的补习班上课都要来探班，而且会不发一语地跑进教室，直接对学生大吼："你上课给我专心点儿！"结果当时只不过是遇到下课时间，而我和学生们正在闲聊，因为聊得很开心，所以学生没有一个走出教室的，乍看之下还以为是在上课，但对于不明就里突然跑进教室的母亲，我可以理解她的心理，却不能苟同她的做法。

第一，当时是下课时间，本来放松一点儿也没关系；第二，如果我在上课，那这教室的秩序是我在负责的，孩子有没有专心是我这个老师的事，家长本无权过问，有什么意见可以和班主任沟通再转达就好，犯不着冲进教室；第三，不管怎样也是我在上课，直接连门都没敲就冲进教室，影响我的上课秩序，也不尊重我这个正在上课的老师；第四，那天接下来的课程中，那个学生一直无精打采，其他学生也从专心变成不专心，那位母亲的"爱"连带影响其他学生上课的心情。

这些我都看在眼里，但这时候也不能多说什么，因为他妈妈下课时间冲进教室的举动让这个同学觉得很没面子。我又花了半节课讲了一些乱七八糟的事情才把全部学生的注意力拉回来，学生明明就在补习班上课，何必用这样"紧迫盯人"的方法管教孩子呢？当事人表面上没说什么，同学们却一直对我解释着："他妈妈就是这样想太多。"

这样管没什么好处，只会加深上述"变坏"行为特征中的"不听父母的话，会顶嘴”，结果补习班成了那个孩子的“出口”，他没有变坏，却也不爱待在家，至少待在补习班让他觉得松一口气。不希望孩子变坏最重要的是，要让你自己成为孩子的“出口”，而不是在外面寻找出口，让孩子放心地找你谈心事，而不需要你紧紧跟着他，他跌倒了也没关系，爬起来就是，他被火烫着了，如果不严重，就没必要大惊小怪，有过一次教训后，他就不会再碰火了。

现在不放手，将来累到摊手

我有个学生的妈妈，她有两个儿子，一个念重点高中，一个念重点初中，大家都称赞并且羡慕她把两个儿子教得真好。但她每天却忧心忡忡，一下要帮儿子处理这个问题，一下要帮儿子处理那个问题，连儿子出门游学的行李是否整理好了都要担心。教出人人称羡的孩子，但她一点儿也不快乐，原因何在？两个孩子都是未来社会的精英，还要担心什么呢？

当她向我咨询的时候，我的建议是：“放手。”孩子已经读高中了，他们不但有自己的思想，也需要开始自己面对人生的问题，如果小小的游学所遇到的问题都不能自己寻求最佳解决方法，那又该如何面对人生其他更复杂、更麻烦的问题呢？我们的社会不是一直提倡“全人教育”吗？

现在的社会一直告诉我们要有多元技能和专长，求职路上才能更顺利，那么我们的家长和老师，是否也可以以此为目标，促进孩子的人格发展，让孩子具备自我求生的能力呢？“授人以鱼，不如授人以渔。”这是一句至理名言，与其我们每天担心这个担心那个，还不如引导孩子自己解决问题。

很多时候我们都可以采取机会教育的方式，引导孩子发展解决问题的能力，他们在遇到人生的选择题时，我们可以和他们讨论，而不要一味地将我们的价值观强加在孩子的身上。当他们面临社团活动的抉择，当他们面临学校科系的选择，当他们面临到底该买PSP或是买衣服的选择，他们都必须明白，很多事情只有一次机会，他们只能在当下做出决定并且承担自己选择的后果。

也许有的家长会说，孩子还那么小，怎么能自己做选择呢？是的，如果你的孩子还在读幼儿园，或者还在念小学，适当的管制是有助于他们的健康成长的。但如果只是跟他们说不，他们就没有选择的权利，渐渐地，他们就不自己做决定，并丧失自己做决定的能力。

小时候，我的母亲也是使用传统教育方式，因为我当时还小，不知道自己做决定的可贵，但到了初中、高中的时候，我开始模仿成人的世界、思考模式和处事方法，经过几次的沟通与“革命”，才有了自己做决定的机会，同时我的弟弟妹妹们也趁机颠覆传统。

比较起来，我最小的妹妹待人处事就灵活许多，因为她很早就开始自己做决定，遇到各种问题她会自己思考。即使后来遇到一些情况是她做了错误的选择而造成的，她也可以自己承担这些责任，不会认为是别人替她做的决定而抱怨。

帮孩子做决定很难，放手更难。当父母的要适时地放手，让孩子面对自己的未来，父母和老师要努力做到只在旁边观察，在孩子需要的时候给他们建议。因为未来的路很长，他们还要自己面对人生的各种难题，谁也没办法保证替他们做好的决定一定是对的，是对是错还是要他们亲自走一遭才能知道。要预防孩子变成“啃老族”，就要让他们在未来拥有自己生存的能力，而不需要别人一直搀扶着过一辈子。现在不放手，小心以后劳心劳力累到摊手。

Chapter3

哭，哭，为什么没有自信

有自信的孩子不害怕困难与挫折，能够欣赏别人和自己不同的特长；有自信的孩子，肯定自我的能力，不担心别人的评价，不会为了获得肯定，盲从流行或牺牲自己的权利，也拥有良好的人际关系。

导读

根据调查，没有自信的孩子，有四成都是“妈宝”。而如何避免养出“妈宝”孩子，最好的方法，除了给孩子安全感之外，还有一个最重要的，就是给孩子自信心。

有自信的孩子不害怕困难与挫折，能够欣赏别人和自己不同的特长；有自信的孩子，肯定自我的能力，不担心别人的评价，不会为了获得肯定，盲从流行或牺牲自己的权利，也拥有良好的人际关系。

有一句教育名言是这样说的：“要让每个孩子都抬起头来走路。”而所谓的“抬起头”，意味着一个人对自己、对未来、对所要做的事情都充满信心。因为当一个人能够抬头挺胸、大步前进的时候，心里一定是信心满满地觉得：“我是最棒的！”“我一定能做到！”“我可以的！”……假如你的孩子能有这样的心态，肯定能不断地取得进步。

如果总是将教养孩子的重点放在纠正缺点，不断提醒孩子“不可以这样”“你要再努力一点儿”；又或者戴着“比较”的眼镜，总是对孩子说“你怎么不像×××那样”“如果你能像××一样听话就好了”……这样的负面语言，将使孩子永远聚焦在自己的“不足”“不够好”上，让孩子感到挫折泄气，最后丧失自信，干脆不再相信自己！

现在就开始停止负面评语，培养孩子自尊而非自恋，多给孩子赞美而非批评，将有助于孩子的自我肯定。

11

孩子总被否定，缺少赞美

据《文化一周——大学生自信心调查》的一份报告显示，大学生的自信程度平均只有5.46，调查问卷列出10道关于自信心的问题，答“是”者得一分，答“否”则为零分，有意思的是，接受调查的9所大学中，最没有自信心的竟是一般人心目中的名校——台湾大学的学生。这项问卷或许不够普遍与专业，但某种程度也反映出这一代孩子的自信心不足，成绩好的孩子，不见得就有自信。

教养小故事

在公园的游乐场中，3岁的强强第一次玩滑滑梯。他害怕地紧抓着妈妈的手，不敢往下溜，妈妈说：“不要怕，这么低的滑梯，胆小鬼才会怕！”但强强还是不敢滑。

强强从小就是个没有自信的孩子，不管做什么事情都畏畏缩缩的，问他什么，他都回答“随便”或是“没意见”。强强的爸妈很担心他这样的个性，长大以后在生活或人际上会出现问题，便忍不住常常唠叨强强：“你怎么那么胆小？勇敢一点儿！”“不要拖拖拉拉的，要果断一点儿啊！”可是情况似乎没有改善，反而越来越严重……

孩子从父母的眼光中“照见”自我

从幼儿心智发展来说，1岁以后的孩子逐渐建立起自我概念，他们可以从镜子中和照片中认出自己来，知道自己的样子；接下来，才是发展更复杂的心理层面——“我是谁”。社会学家常以“照镜子”理论说明一个人自我概念的形成：真实的镜子，可以照见自己的样子，但关于“我可爱吗”“我聪明吗”等性格特质，则要依赖所谓“社会镜子”，就是从其他人的眼光中来“照见”自己，而爸妈如何看待孩子，往往也是每个孩子看待自己的方式。

对孩子来说，正向的自我形象是建立未来自信、自尊的基础，而这样的基础来自爸妈的爱。完全的、没有条件的爱，能让孩子从内心深处相信自己是重要的、有价值的。

不经意的辱骂，会使大脑发育受创

传统的教养方式，让现在的父母较习惯在态度、言语上用否定、负面的方式来教育孩子，比方对孩子说“你怎么这么懒惰”“你怎么做出这么丢脸的事”“你越来越不听话了”；或是用指导性、警告性的态度，以“我吃过的盐比你吃过的米还多”的心态，来要求孩子不要多想，照爸妈说的做就好了。

当孩子达不到我们的要求时，如果不能就事论事，生气时脱口而出的负面语言，往往会对正在塑造自我的孩子造成难以磨灭的伤害。比方说：骂孩子笨、没用，全面否定孩子的人格；或是牢记孩子犯过的所有错误，每当孩子犯错时，不针对这次的事件和孩子好好讨论，反而秋后算总账，逐一数算孩子犯过的错，总结说“你每次都这样”，这种不断翻旧账的责备法，会让孩子心中很委屈，觉得“一失足成千古恨”，只要错过一次，就再也没办法翻身，产生“反正我就是这么不好”的想法，因而自暴自弃，亲子之间的隔阂也越来越大。

美国哈佛医学院的一项研究指出：大人不经意的辱骂或负面语言，会导致儿童大脑发育受创，使孩子产生忧郁、焦虑及语言表达障碍。而当孩子长期处于这样的环境中时，为了自保，脑部会降低对这些语言暴力的敏感度，进而抑制了感官系统的发展。

负面预言，让孩子失去自信

更惨的是，父母替孩子贴上的种种负面标签，往往形成一种“负面预言”，影响孩子的发展——听话照做的孩子，从小没有机会和空间学着自己决定、自己判断。若是人生平顺的话也还好，若是碰到人生的挫折，往往不知如何是好；比较独立的孩子，照着自己所想的方式做事，一旦成功了父母不见得会肯定，但只要失败或遭遇挫折，往往会得到“早就告诉过你了，谁叫你不听”这种看笑话的冷言冷语。

这使得孩子渐渐失去尝试的勇气，丧失对自己的信心，越来越需要由别人来肯定自己，而肯定自己的对象，从小时候的父母、求学时的老师、朋友、恋爱时的情人，以至于工作时的上司、老板等。不断焦虑地等着别人来肯定自己，却不一定等得到，让他对自己的能力产生怀疑，甚至觉得自己一无是处，甚至可能因而引发心理疾病，如抑郁症、焦虑症、暴食症、厌食症等。

无条件的爱，建立亲子“好关系”

心理医生吴医师曾语重心长地表示，门诊中，常有爸妈说自己的孩子没有自信、自尊心很低、不懂得尊重自己。我就会反问爸妈：“自信心是自己相信自己，你都不相信他，他怎么相信自己？自尊也是自己尊重自己，可是当爸妈一天到晚都不尊重他，孩子要怎么学会尊重自己？”

吴医师认为，亲子冲突是一定会有的，能不能化解，关键则在于关系的好坏。原本亲子关系好的家庭，就比较有机会化解亲子间的冲突。每个人的生命中都有各种重要关系，例如：和父母、配偶、子女、手足、同事等的关系，而通常每个人最在乎的，是和子女的亲子关系。根据吴医师的门诊经验，常常能看到许多把最在乎的关系处理得很糟糕的家长，他们虽然也很想把关系弄好，但可能是技巧太差，或是存在看不清的盲点，实在令人替他们感到着急和难过。

那么，该怎么建立良好的亲子互动和关系呢？爱是很重要的条件，当然全天下没有不爱孩子的父母，但是，你是否想过这个问题："你的爱，是希望孩子照你说的方式来过日子，还是你能接受孩子是个独立的个体？"许多爸妈往往期待将孩子塑造成自己想要的样子，但是这样的期待，会让孩子在成长过程中达不到爸妈的要求时，就觉得自己不够好，进而造成自信心低落。

放下期待，赞美孩子的好

"放下对孩子的期待，不要强求孩子成为你想要的样子"，虽然困难，却是你必须做的功课，因为唯有如此，孩子才能真正活得有自信，展现出自己独特的好。然而，不强求，不代表爸妈什么都不管，对孩子完全没有要求，爸妈还是要通过正面赞美，来称赞孩子做得对的行为，引导孩子往好的方向去发展。

"称赞孩子要打心里赞美，而且要赞美得对！"吴医师以自己的女儿为例。不太擅长运动的二女儿，小时候参加足球队，总是很努力追着球跑，虽然从来不曾踢到球，但球队的教练仍然会赞美她："跑得好！"不责备孩子不会抬脚踢球，只赞美孩子追球的努力。这位教练替爸妈做了很好的示范——赞美孩子应该肯定他付出的努力，而不是孩子明明踢得不好，你还假装赞美他"踢得好"。

事实上，吴医师和她的先生都是运动能力很强的人，对于这样“不像自己”的孩子，吴医师坦然接受她的独立性和个别化：“接受她是一个独立的个体，虽然她跟我这方面不一样，却有优于我的地方。不是每个孩子都能十项全能，爸妈的如实接纳，能帮助孩子不会因为这部分的能力不好，而使自我价值感变得很低，因为他相信自己还是有做得不错的地方。”

吴医师得意地告诉我，自己的孩子可是小区里最受欢迎的孩子，她有自信，不害羞，看到人会微笑打招呼。她的孩子能够表现得落落大方，正是因为家庭的教养，让孩子从小觉得自己很棒。虽然功课不理想，运动细胞也不发达，但是由于爸妈接受她某些能力的不足，不断肯定孩子的努力，孩子依旧会充满自信。

自信是自我价值的综合体现，相信自己是个有能力、有价值的人。自信除了是孩子先天的气质展现，更要靠后天教养来培养，当你将孩子视为独立的个体，放下期待，如实接纳孩子的努力，让孩子感受到无论成功或失败，爸妈的爱都不会改变时，孩子自然就能肯定自己的价值，对自己充满信心。

12

大人很爱说“不可以”

当生活中有这种状况的时候，大人可能也要思考自己是否对孩子管制太多了，是否可以适当地给予某种程度的允许。如果孩子问你什么事情，你总是给他负面的答案，那么有朝一日，换成你问他什么事情的时候，他可能也会回答你：“不可以！”

教养小故事

“星期六我想和同学去看电影，可以吗？”“不可以！再有两个星期就要考试了，复习完了吗？”

“考完试那天可以和同学去逛街吗？”“不可以！你以为考完试就不用看书啦？”

“学期末考完试那天，同学约我去河边烤肉，可以吗？”“不可以！你要先写寒假作业！”

不可以！不可以！不可以！孩子不禁在心中呐喊：“为什么我想做什么都不可以？”

在说“不可以”之前，先问“为什么”

孩子有时候会表现得活泼好动，没有办法专心听课，所以成绩老是考不好，家长一定十分担心，对于孩子所提出的各种要求，如购买各种新奇玩具，或者打游戏，和同学相约外出玩耍等，一律都禁止，而这个时候，爸妈习惯了说“不”，紧接着，当孩子以后又提出了其他的要求，爸妈也一样用“不可以”回答。

我们可以稍微想想看，我们在日常生活中，是不是常常对着孩子说“不可以”。遇到这种情况的爸妈，首先一定要先让自己心平气和，我们可能会因为孩子不听话而生气，或者在众人的面前，是否也可能因为面子问题，觉得孩子的表现不适当，感到丢脸。尤其是学历很高的家长，通常小时候都是大家眼中的乖学生、好孩子，以至于爸妈无法体会和理解孩子为什么没有办法好好听话的心态。

其实孩子的行为通常反映了某一种信息，像有时候孩子所谓“不乖”的行为，例如：孩子上课不专心，老师可能会向爸妈告状，以往是好学生形象的家长就对孩子大发雷霆，质问孩子：“为什么不能好好专心上课？”孩子知道是因为老师把上课状况写在联络簿上向家长反映后，他就会觉得：“老师真讨厌！为什么要向爸妈告状？”这样一来，反而断送了老师和家长合作管教孩子的机会。

这时候老师反映学生上课的情形是他们的责任，但也有家长在接到学校老师反映学生上课不专心时，直觉式地认为是课程太无聊，学生容易分心，这样的想法也太过偏颇。那么这个时候应该采取什么样的行动才能促使孩子在上课时专心听课呢？如果孩子活泼好动、上课容易分心和别的同学讲话，或者自己在座位上玩铅笔、橡皮擦，或者把玩小玩具等，先试着和孩子沟通上课不能专心的原因。

我们在理智上都知道，孩子还小，他们没有办法描述自己心里真正的想法，他们还无法分析自己为什么无法乖巧地在教室里上课的原因，正是因为如此，我们才会急得发火。老师急着要赶上课程进度而无法一心一意地陪孩子聊天，家长也因为平常已经忙于工作，回到家又有家事要忙，无法静下心来倾听孩子想要说的话，但唯有找到孩子无法专心上课的原因，我们才有办法替他们解决问题。

因为孩子自己无法说明，所以我们的引导方式就不能让他们自己说，就算他们说出个原因或理由，我们从字面上的意思看还是无法了解他们最后想要表达的意思。这时候我们要学会问问题，问了对的问题，孩子才会回答对的答案。当然，对于比较大的孩子，例如初中生或高中生，他们已经开始有自己的想法，有时候他们是有秘密的，那么，我们还要针对孩子的答案加以分析，看他们给出的答案是否是内心真正的想法。

通常我们在指导孩子的行为时，所抱持的心态绝对是站在孩子的立场上着想的，但孩子还小，他们还没有办法站在父母的立场想，以他们所知有限的状况下，怎么可能揣摩父母的想法？请回想一下，你在当小孩的时候，说不定也不是父母眼中的乖小孩，那么，你就能理解要求自己的孩子和你所期待的一样乖巧，是强人所难了。

用心看！不要插手管

日本在2008年曾播出了一部电视剧《怪兽家长》，台湾有线电视也跟着在2009年5月播出，其实“怪兽家长”的现象最早可以追溯至20世纪90年代美国的“直升机家长”。“直升机家长”指的是，家长如同直升机在高空盘旋，孩子一有需要就马上冲下来；“怪兽家长”则指经常向老师抗议、抱怨，刁蛮不讲理，处处干涉学校作为的父母。

根据观察，这种现象和教师从业泡沫化有关。因为教师从业人口供过于求，使得社会大众对教师一职的敬意降低，父母所表现出来的态度连带影响孩子对于老师的态度，再加上父母过度保护子女，逐渐演化成这样的现象。目前美国这群受“直升机父母”所保护的子女已经长大，但是父母仍然干涉子女的所有行为，甚至连求职的时候都陪同子女一起进行，也在应征时替子女回答大部分的问题，美国的企业不禁感到震撼，并且感叹：“我们现在才正要面对这样的情况。”

日本的“怪兽家长”更是变本加厉，对于自己小孩的珍视程度令人咋舌，如果孩子在学校受到什么委屈，立刻打电话给老师，要么是抱怨、诉苦，要么提出一些不合理的建议等，日本的老师一遇到这样的家长就疲于应付，甚至有老师因此压力过大而自杀。这样的现象也导致老师必须时时刻刻对于特定学生的状况战战兢兢，同时也使老师无法专心于教学工作，连带影响其他学生的学习权利。日本教育部为了协助校方处理“怪兽家长”的问题，设立了专门的机构，为老师及学生家长居中协调。

这些家长养育下的孩子，不免令我想到1999年英国首创的名词“NEET”，即Not in Education、Employment or Training的缩写，就是说不受教育，也不在职，又不接受任何训练的人，五年后，日本也发现了很多年轻人具有类似的趋势，一份日本内阁政府“关于青少年之就业研究会”发表相关研究报告，表示NEET（尼特）族甚至连失业者的边儿都沾不上。

提前应对这个状况的措施是，在孩子还小的时候逐步训练及引导他们具备面对人生的积极态度，这不只是要求孩子功课好而已，同时需要他们养成对自己负责的态度，也需要他们能自我学习，而不是事事都要父母来替他们解决。

孩子的教育需要父母和老师合作，请你好好思考，我们是要将孩子教育成一个品格完整的人，还是要把他教成一个什么都需要父母呵护和社会照顾的人呢？

肯定的回答比否定有效

人的大脑十分有趣，对于“不要如何如何”的信息接收度很低，但是对于“要如何如何”的接收度却很高，从前心理学教授说明过这个现象，我当时觉得没什么，但后来发现，人们的行为的确反映出这样的状态。

当你告诉孩子“捷运站台上不可随意奔跑，以免发生危险”，结果偏偏还是一堆孩子喜欢在捷运站台上奔跑，问他知不知道这个规定？他会点头说“知道”，再问他为什么要在捷运站台上奔跑，他的回答就可能有很多种，都和这个规定沾不上边儿，也和他搭乘捷运这件事没有关联，原来他听了“不要在捷运站台上奔跑”这句话，脑子里却只对“在捷运站台上奔跑”这几个字有印象。

和孩子们沟通也是这么回事。我看过一个故事，有个女儿一直发现和母亲无法好好说话，即使是长大后仍然如此。作者在听完这个女儿的说明以及日常生活的录音带后发现，由于妈妈一直告诉她：“不要穿这件衣服。”“不要洗碗，先买菜。”“不要吃外面的东西，不健康。”“不要看这个节目。”

“不要……”原来从小到大，妈妈在和女儿说话的时候，所有的一切都是用否定句叙述。因为人有自我保护的本能，对于不断否定自己的人和说法自然会产生厌恶和回避的心理，在长久的互动之下，慢慢地，女儿看到妈妈的时候就会自然产生一种防卫机制，自然说不了三句话便开始不自觉地怒火中烧。就算明明知道妈妈是好意提醒，心里却一点儿也不会产生感激的情绪，这对于双方来说都是非常痛苦的。

正面与反面的说法尽管字面上意义相同，但是对于每个人的接受度来说，正面说法的效果永远大于反面说法，人们也比较容易记得正面说法，所谓的“引导”也是这么回事，用“正面”的说法和询问“为什么”永远优于用负面的方式沟通。

当孩子在生活上，在学习的过程中，出现你可能不是很希望他这么做的情况，请切记，练习用他们的思维和立场来思考，蹲下来从他们的角度看这个世界，请记得你也有过小时候，请接受他们在这个和你小时候完全不同的世界，所以可能会有完全不同的价值观。

请用孩子可以听懂的语言说话，请用正面的提醒和建议的口吻和孩子讨论。改变沟通的方式不仅对孩子有用，就算是和其他家人或朋友之间的互动也会获得改善。可以从现在开始，对每个孩子（甚至是你的另一半）提建议和提醒他时，用“可以”和“要”的关键词，至于“不要”“不行”这些字眼儿，暂时放到抽屉里收起来吧！

如果你说谎，其实孩子都知道

现在的孩子们真的很聪明，只是当你讲的不全是事实的时候，他们也不会当着你的面去戳破你的谎言。他们只会假装听着，然后在心里盘算着：“又讲了一堆捕风捉影的话……”然后长时间下来，有的被印证是谎言，有的还模糊不清，但是他们就渐渐失去信任，开始质疑大人们所讲的每一句话。

我有个大学同学在教书，这还是通过我在补习班所教的学生才知道的，当我提及以前的大学生活时，他立刻蹦出一句话：“我们学校语文老师讲得不一样！”因为我的同学大概为了教学上的“娱乐”效果，夸张了某个部分的叙述，而学生却立刻想要证明到底谁讲的才是对的。这对我来说真是两难，因为我的实情已经说出口了，当时我只好无奈地说：“不然你去网上搜索一下好了。”

孩子的问题有许多种，当我觉得不好回答的时候，我会直接告诉他们：“现在的你还不适合知道这件事。”我有些学生很有趣，他们知道补习班一定会付薪水给老师，老是喜欢问我的薪水有多少，我都会照实回答：“光是靠你们付的薪水我还没办法生活呢！”这是实情。但也让他们开始讨论起一个人一个月的生活费大概要多少，他们也开始衡量起自己一个月的花费，虽然是个小小的开始，也可以利用这个机会让他们了解父母在他们身上实际的花费。

还有些学生，生活没有目标，虽然听父母师长的话乖乖地念书，对于未来却一片茫然。爸爸要他念的是医科，未来当医生，跟他说好好念书才有前途。初中老师说："考上高中就轻松了。"但上了高中之后，高中老师跟他说："考上大学就轻松了。"我说："大学之后你可能还要考虑要不要考研究生等。"他开始觉得自己怎么一辈子都在考试，到底要考到什么时候？

我知道父母都是为了孩子好，不好好读书怎么能上好的大学，没有上好的大学怎么能获得好的工作呢？但是别忘了，所谓"好"的工作是什么？"钱多事少离家近，位高权重责任轻。每天睡到自然醒，薪水领到手抽筋。逢年过节要奖金，别人做事我加薪。喝茶看报好开心，副业兼差薪照领。秘书美丽属下拼，有过你扛功我领。"这是一段顺口溜，道尽每个上班族心中最美的渴望，但回到现实生活时，我们都知道，就像"书中自有黄金屋，书中自有颜如玉"一样，这不过是个美丽的童话。

有个朋友的口头禅是"骗人的"，每次他在看电视、新闻、电影时这句话都会脱口而出，我经常怀疑他是不是长期受到谎言的欺骗，所以在那些虚构的情节一发生时，就反射式地表现出怀疑的态度。有趣的是，他自己也常常讲一些不完全真实的话，尤其是面对陌生人时，那成为一种保护自己的手段，每每都要刻意地抽丝剥茧，才能判断他所描述的事实。这个朋友所表现的不一定是幼时经验的影响，但生活中某些经验的确有可能造成这样的结果。

孩子们总是会长大，孩子们也马上就会知道真相是什么，光是靠限制和规定有时候不能说服他们一定要照着规定做，他们总是需要了解背后的原因，尤其是当他们开始会问“为什么”的时候，那代表他们开始懂得思考，当他假日想和朋友出门，而你说“不行”的时候，他开始会问“为什么”，请你告诉他你限制他出门的原因。

当学生的仪表仪容不合规定的时候，请老师告诉他们为什么要这样规定。光是告诉学生这样比较整齐或是好看这种主观认定的事情，绝对没办法让学生相信这是一件好事，至少他们自己觉得那样比较好看。

很多时候，我们为了孩子好，总是给了他们很多善意的谎言，有些是必要的，有些则是多余的，老师和家长在某些时候必须让孩子多了解一点儿现实，“真相永远只有一个”，这不仅是漫画里的对白，也是这个世界唯一的真相。真理越辩越明，谎话却越说越要更多的谎言来填补漏洞，只有直接说明白了，才不会让孩子感到遭受欺骗，孩子也才会信任父母和老师给他们传递的任何信息。

大人讲的也不一定是对的

我常说，大人长大之后老是忘了自己曾经是小孩。回想一下，当你还是小孩的时候，你的爸妈也常用相同的方法对待你，原来你从小到大成长的家庭环境，给你的影响是这么深远，想想看，你的爸妈是不是在你犯错的时候老是说“你不准……”“你给我……”“没有为什么……”等诸如此类的话。

可是，在我们那个年代，步调比较慢一些，至少没有现在这么快；变化小一些，至少没有现在这么像在坐云霄飞车一样起起伏伏。更何况，我们还小的时候，就会感觉到大人们讲的话就有一点点不是那么正确。现在的环境变化太快，快得难以适应，那么你怎么能以为我们这个年代的认知就一定是对的呢？

就像小时候大人总是教我们做人要诚实，但是事实上，不是每件事都要诚实以对。你对人家坦诚相对，人家不见得对你掏心掏肺，那么我们又怎么能说大人讲的都是对的。耍心机这种事，幼儿园、小学阶段就会发生，不用等到长大，立刻发现妈妈说的话老是不太对，因为这个时代的价值观已经变了。

还有，你可能以为“君子一言，驷马难追”，可是，从小到大，这种事常常得到反面印证。大人和大人之间的约定都不一定成立了，大人对小孩说的话也不一定会兑现，过年的时候，压岁钱老是被妈妈拿去，说是要帮你存起来，结果存到哪里去了呢？虽然大人也会以拿来贴补家用等为借口，但不如一开始就说清楚、讲明白，孩子也就不会有被欺骗的感觉，最后搞得好像不信任父母一样。

老师又何尝不是呢？在上课的时候偶然承诺某天要办个联欢会等，结果左等右等等了一个学期，学生在学期末的时候终于等不到联欢会而放假了，下次老师又做了什么承诺，学生还会相信吗？所有的不信任都是因此而起，所有的信任在此瓦解。

很多人，包括我的朋友们，在知道我和学生沟通的方式后都说：“你和学生讲话很实际。”是的，因为我不想骗他们。我希望我对他们讲出来的每一句话都是真相，都是真实情况，也因为现在的孩子们都太聪明，他们想知道的任何事情都可以通过大人们想象不到的渠道而了解。所以，让他们养成不信任的习惯，可能演变成他们会对你所讲的话都存疑，甚至是不再相信。

13

教养态度摇摆不定

谈到家规，不知道你的感觉是什么？你们家有家规吗？比方说：每天可以看多久的电视、不可以打人、什么时候可以买玩具……如果有的话，你的孩子清楚你们家的家规吗？这样的规定对所有的家人、时间和地点都一律适用吗？

教养小故事

4岁的小姿是家族中的心肝宝贝，爸爸、妈妈、爷爷、奶奶、外公、外婆都十分疼爱她。小姿的爸妈听人家说："爱再多的孩子，也不怕疼坏了。"但小姿的爸妈最近发现一件很头疼的事，每当小姿想要什么玩具时，如果他们不答应她的话，她就向爷爷、奶奶或外公、外婆撒娇，还对朋友夸口说："要玩具一点儿也不难，只要哭就会得到哦！"长辈教养的态度和规则与他们夫妻两人的不一致，这很让他们伤脑筋……

身教重于家规

对孩子来说，家规其实就像是玩游戏的规则。想象你参加一个没有明确规则的游戏，然后动辄得咎，弄不清楚什么时候会被裁判吹哨："哔！犯规！"这样的游戏，怎么玩得起来呢？你又怎么能够从中获得玩游戏的快乐和得分的成就感呢？

爸妈和孩子不是竞争的对手，而是同一队的队友。你们一起和生活竞赛，一起克服生活的挑战，协助彼此能够在每一天的生活中获得归属感、成就感与最多的快乐、满足。在这样的前提下，爸妈身为"资深"的生活家，自然有义务告诉生活"小菜鸟"一些适当的游戏规则。

我们曾谈到家规不要太多，但是一旦定下了就要彻底执行，因为再也没有比朝令夕改的规定更叫孩子弄不清楚状况的了。同时，知道为什么要守规矩、该怎么守规矩的孩子，也会活得比较快乐自在。

希望获得爸妈的肯定是每个孩子的心愿，清楚的、一致性的家规，可以帮助孩子了解爸妈对自己行为的期待，让他更容易有规则可循，肯定自己的能力，获得自信心。有些父母在管教孩子时，常常依时间、地点或是情境的不同，对孩子同样的行为采用不同的管教方式，使得孩子无所适从，不知道爸妈的标准到底是什么。孩子的无所适从，也很有可能逐渐演变成钻漏洞的侥幸心理，损害亲子间的信任感，徒增亲子互动的冲突。

虽然不少父母都会订立家规，明确的家规也能够给孩子一个依循的标准和秩序感，然而，在这里要提醒各位："身教重于言教，要做给孩子看，而不只是讲给孩子听。"比方说，"不可以打人"如果是家规中的一项，偏偏你家的孩子个性就是比较急，容易生气抓狂，不是抓自己头发，就是忍不住要打人，甚至是打你。那么，给你提供一个吴医师的小诀窍，你可以用手稳住孩子，不断跟他说："你可以生气，但是你不可以打人。"更重要的是，自己绝对不能动手打回去。

如果爸妈不断跟孩子说"不可以打人"，可是当孩子犯错的时候，大人就打他，那孩子自然会认为："为什么别人犯错时，我不能打他呢？"尤其对小小孩来说，他接收的信息可能是："你生气了，你打我；我生气的时候，也可以去打别人。"或是"你比我大，所以你可以打我；等我长大，我就可以打比我小的人。"

如果家庭中的家规是"不可以说不好听的话"，那么你也要以身作则，不论再怎么生气，都不可以口出恶言。有些大人一旦坐在方向盘前，脾气就上来了，一会儿骂前面的车子："笨蛋，会不会开车！"一会儿又骂旁边的路人："有没有长眼睛啊，不会看路啊！"那么，不管平时你怎么苦口婆心地教导孩子不可以骂人，也是白费工夫。

孩子的模仿力是很惊人的，想要孩子成为什么样的人，爸妈就要以身作则，成为孩子的好榜样，引导孩子的正向行为，千万别说归说，做归做哦！

教养策略，要不分场合都一致

在前面，吴医师也从自己个人教养的经验，提醒各位"少和孩子说'不'，但如果说了就一定要做到"。

其实，随着孩子年龄的增长，你可以慢慢让孩子参与家规制定的讨论，如此不但可以让孩子有机会练习选择与信守承诺，亲自参与讨论过程的规则，孩子也会更乐意遵守。更重要的是，通过讨论，孩子其实也能够学着思考，自己该怎么做或是大家应该怎么做，才能让同在一起生活的一家人过得更好，更幸福！

很多规则在定下之前，都是可以商量、讨论的，就像吴医师所提醒的，不要先搬出"不"来挡住孩子的需求，然后在孩子的哀求下，觉得好像也没那么严重，就让步，让自己的话轻易打折扣，损害你在孩子心中的威信程度。比方说，最后的结果同样是让孩子在饭前喝了半杯西瓜汁，"先说了'不'，再打折扣"，和"先跟孩子讨论怎么办，最后商量只喝半杯"，孩子的感受和心情是完全不同的。

还有，最常发生规则的不一致，往往是在外出的时候。有些孩子平常很守规矩，结果出了门，简直判若两人，动不动就情绪失控。如果你家里的孩子也有这样的倾向，那么就应该事先分析一下，比方说：孩子都是在什么时间点失控的呢？如果差不多都发生在肚子饿了、想睡了的状态下，下次出门前，记得要避开这样的时间点。

接下来，衡量自己在外面的时候，会不会因为怕丢脸、怕孩子失控，就放宽一些标准了呢？爸妈一定要放下自己的面子问题，把教养孩子的一致性摆在最前面，同时也让孩子了解规则就是规则，不会因为场合不同就发生改变，慢慢地，孩子理解以后，就不会继续探测规则的可信程度了。

和其他照顾者建立教养共识

现代孩子的教养，往往是在爸妈、祖父母、保姆的共同努力之下完成的，爸妈与其他的照顾者最好能针对主要的管教原则，建立共同的规范，让孩子有一致的规则可以依循，比方说“不可以打人”（当然大人也要示范不打小孩）。一致性的教养态度，能帮助孩子更有自信地成长。想象一下，小小孩在爸妈与其他教养者的照顾之下过日子，一下子要遵守爸妈的规则，一下子要听阿公阿妈的话，实在是很辛苦。

就算照顾者彼此之间的意见不同，也不要在孩子面前争执、起内讧，让孩子不知道到底要听谁的才好，或者适时选择对自己有利的规则，比方说，爸妈说不可以看电视，但是到阿公阿妈家就可以看电视等。

讨论这样的话题时，大家不要忘了共同的前提，都是“疼爱孩子、为孩子好”，尽量用委婉的说法来说明自己的看法，千万不要一时意气用事，一定要和对方拼出个输赢来，相信很多讨论都能在各退一步的情况下，有很好的结果。

一般说来，和长辈讨论难度会比较高。至于保姆，建议各位爸妈在挑选保姆时，就要留意对方是否和自己有相同的教养理念，这样将来在讨论孩子的教养问题时，也更容易达成共识。

至于，爸妈自己也要特别留意，别在孩子面前争吵，或是针对孩子的教养方式拼输赢。因为不论谁胜谁负，孩子都是最大的输家。孩子很可能会将爸妈的争吵理解为“都是我不好”；或是在争吵的父母之间，被迫选边站，这会让孩子原本对父母那份纯粹无杂质的爱意产生纠葛与质变。不论是哪一种结果，都会影响孩子对这个家的归属感，磨损孩子的安全感，造成自信心低落的不良后果。

14

比较，很伤孩子的心

如果有个排行榜，列出爸妈说过最让我们伤心的话，“比较型”句法的言语，很有可能会独占鳌头，因为比较，真的很伤人。“比较句法”常常伴随负面语言出现，让孩子感受到“自己不够好”，造成自信心的低落，对亲子之间的关系，更有严重的影响。

教养小故事

玲玲的妈妈是个忙碌的职业女性，职场的激烈竞争让她更加担心孩子的未来。为了激励孩子加倍努力，她常常对玲玲说：“你读的安亲班，考满分的人那么多，你怎么才考这么点儿分？”“隔壁家的小芳，看到我都会打招呼，哪像你一样？”……

有一天，玲玲生气地回话了：“王妈妈每天陪小芳上下学，为什么你从来都没空陪我一下？”

比较，让孩子永远看到自己的不足

《孟子》中有一句慷慨激昂的话：“舜何人也，予何人也，有为者亦若是！”意思是说，舜也是人，我也是人，他能做到的事情，我当然也能做到！这样的句子用来自我勉励还蛮不错的，但如果为人父母者想要用这样的逻辑来激励孩子，比方说：“隔壁家的明明，3岁就会念……你一样也3岁，赶快来学一下吧！”恐怕就得再想一想喽！

比较会影响孩子的自我认知，更会影响孩子的人际关系。为什么比较会影响孩子的自我认知呢？因为比较的着眼点是在看自己的不足，当爸妈不断拿孩子和别人比较时，就是在不断挖掘孩子的缺点。

其实孩子身上有80%～90%是很棒的，但当爸妈不断比较，将焦点都放在缺点上时，孩子感受到的是“最重要的是那不够好的10%～20%，你需要克服那10%～20%，才有可能更好”，孩子看到的就是一个不完美、不够好的自己。一个努力那么久还是进步不大的孩子，不会有安全感，也会更加没有信心。

父母的语言对孩子的影响真的很大，看看我们自己就知道了。即使我们已经长大了，现在反问自己：“在爸妈眼中，自己是一个什么样的人？你的优点是什么？”我想，大家都不知道该怎么回答，但如果问：“爸妈觉得你的缺点是什么？”那答案就相当清楚了。这就反映出，我们都会记得爸妈说“我怎么样不好”，并且把它变成我们看待自己的眼光，变成我们信心不足的来源。

比较，让孩子活得很辛苦

同样，当孩子养成这种看待自己的态度，看待别人时也会一样。当比较心是如此深入孩子的人生时，他不会去欣赏别人的好。别人的好都会成为他的压力来源，也就没办法和人建立亲密关系。因为对他来说，所有的关系都是一种竞争。

在这样竞争的状态下，孩子不能容忍别人的进步。别人的努力和好，对他都是一种压力，当别人不好时对他才有利，他会过度在意别人的眼光，只觉得所有人都在等着看他失败，等着嘲笑他，因为他自己对人际关系的理解就是这样，他自己也会偷偷评价别人。

被比较不断鞭策前进的孩子，辛苦地努力追赶标准，或是付出很多代价时，往往也会认为要有相应的回馈。可是在人真实的生命中，没办法永远担保努力就有收获，当没有回馈时，孩子就有可能会变得愤世、贬低自我，跟世界的关系也变得不好。

对许多爸妈来说，一来“比较句型”也是自己成长过程中常听到爸妈说的，二来这个方法的确感觉很有效，所以会用这样的方式来教养孩子，也是理所当然的。

但是，在这个效果背后，是要付出代价的：一方面影响孩子对自我的认知和接纳度，孩子不能平衡地看到自己的好和不好，宽容地接纳自己，欣赏自己，而会用最严格的标准来驱策自我；另一方面剥夺了孩子的安全感，让孩子对人和世界上的事物缺乏信任感。

因为，人和人之间的关系建立在信任和接纳上，是“不管有再大的挫败，我都陪在你身边”，而不是“你不好好表现，不要以为我会永远挺你哦”！

放下比较，让孩子欣赏自己的好

可是，你或许会这样想：“我是为孩子好，才会想让他看到自己的不足，好好努力一下，这难道不对吗？”其实，爸妈要相信自己的孩子，相信他也想要自己表现好。

教育专家分享过一个经验，当女儿发现自己和朋友比起来，运动能力比较不好时，她问女儿：“会不会在意？有什么感觉？”沮丧的女儿回答说：“反正我就是笨蛋！”这时候，做爸妈的要怎么回应呢？是要说“对啊！跟别人比起来，你真的是笨蛋”？或是说：“不会啊，你没有那么糟”？

建议你不要火上浇油，或是骗孩子、哄孩子，而要借着这个机会，带着孩子用更宽广的眼界来看自己，比方说：“我没办法决定你怎么想，但我觉得不是这样。或许他运动方面很厉害，但是从其他方面来看，他也许会觉得自己是笨蛋，因为那一方面你真的很优秀。那么，到底谁才是笨蛋？”

爸妈要相信自己的孩子，并且如实地对待他，让孩子如实地了解自己、贴近自己，做个能替自己负责的人。当孩子表现好的时候，不要怕让孩子知道了以后会得意忘形，具体地赞美孩子，会让他知道自己好在哪里，让孩子更有自信。

让生命的挫败如实呈现

近年来，由于“草莓族”一词的兴起，让爸妈免不了担心，自己对孩子疼爱与保护，会不会让孩子成为“温室中的小花”，无法承受挫败？

担心是一定会有的，但是爸妈其实不用刻意为孩子创造挫折，因为真实的生命和世界本来就会有挫折，在孩子成长的过程中，挫败的经验早就等在那里。

比方说，小小孩面对自己能力不足，想走路没办法走；发现自己再怎么爱妈妈，妈妈也不是自己一个人的；更大一点儿，发展同伴关系时，有时不管自己怎么努力，别人就是不想跟他玩……这种真实的挫败，随着孩子探索的世界越来越大、发展的关系越来越多，就要不断学着面对挫败。

面对挫败不是一件容易的事，却是成长必经的过程。为了让孩子有足够的信心和能力，在挫败中发展生命经验，而不是被打垮，就要让孩子知道爸妈欣赏他、爱他，让他知道我们看到“他的好在哪里”，而不是强化孩子的不足，用它来评价孩子，加重且加深孩子的挫折。

孩子的挫折忍受力，源自你的爱

相信所有的爸妈一生最大的心愿，不是期望孩子功成名就，只是单纯地希望自己的孩子，能一辈子幸福快乐！遗憾的是，在任何人的生命中，总难免会有一些深刻的挫败。

再怎么爱孩子的爸妈，都没办法一路守护孩子。面对生命中的挫折，我们唯一能做的，就是替自己的孩子准备好面对挫折的能力。

孩子的挫折忍受力，绝对不是靠比较磨炼出来的。比较迫使孩子不断聚焦在自己的不足上，这样对自己严苛、没有把握的孩子，其实不用等到大的打击，他身上背的“比较”负担，就时刻折磨着他，让孩子无法客观评估自己，容易把自己逼到牛角尖，一旦生命中的波澜稍起，就极有可能变成“压垮骆驼的最后一根稻草”。

孩子的挫折忍受力，源自爸妈无条件的爱。“有爸妈的孩子像个宝！”当孩子有爸妈的肯定、有爸妈的疼爱与接纳，从小到大在不同的生命历程中，有爸妈陪自己客观与宽广地看待自己的成功与失败。这样的孩子，就会有足够的自信和能力，面对生命中的波折。

世界上绝对没有任何亲子专家或是老师，能给予孩子这样的肯定和信心来源，只有孩子生命中最爱、最重要的爸妈，才能有这么大的影响力。这个影响力，也许不能让孩子成为世界顶尖的人，却能让他充满自信，相信“自己是世界上最值得存在的人，不管外界评价如何”。

在不久的将来，当孩子长大离家后，当他要面对工作的挫败、感情的挫败、生离死别的重大挫败时，这样的自我评价与安全感，将能让孩子冷静看待自己的成败，客观面对生命中的风雨，不畏挑战，从中获得更丰厚的人生阅历与各种能力。

15

当众数落孩子的缺点

影响欧洲教育思潮的英国教育家约翰·洛克曾说："父母不宣扬子女的过错，子女对自己的名誉就越看重，他们觉得自己是有名誉的人，因而更会小心地去维持别人对自己的好评。"如果爸妈老爱在他人面前宣扬子女的过错呢？这样一来，造成孩子的自我感觉不好，无法肯定自己，自然没有动机想要好好地表现。

教养小故事

德德的妈妈有一群要好的姐妹，每逢假日大家就会呼朋引伴，带着孩子一起去游山玩水。一开始，德德很开心有同龄的玩伴可以一起玩儿，但渐渐地，德德发现妈妈常常会在聊天时数落自己的错误，这让德德觉得很丢脸。到后来，德德越来越不喜欢和大家一起玩儿，他宁愿在家打游戏，也不想和妈妈一起出门。

当众批评，对自尊的损毁加倍

当我们谈及孩子的自信心时，自尊与自信往往是一体两面。从心理学来说，自尊感可以是个体对自我形象的主观感觉。心理健康的人自尊感比较高，认为自己是一个有价值的人，并感到自己值得别人尊重，较能够接受个人的不足，也能欣赏别人的优点。

令人遗憾的是，受到传统文化赞扬谦虚的影响，比方说请人家到家里吃饭，不管准备了多少山珍海味，还是要说“粗茶淡饭”，别人家的孩子是“贵公子”，自己家的孩子就是“小犬”。同样的逻辑引用到谈论孩子时，往往被称赞的都是别人家的孩子，落在自己孩子头上的都不是好话，比方说：考试粗心大意，上课不认真听讲，在家什么家事都不做……虽然大人说的时候，或许是言者无心，听到孩子耳朵里，可不是那么一回事。

将心比心，每个人都希望获得别人的肯定和尊重，大人重视面子，孩子的面子也很重要。

对孩子来说，来自生命中最重要的人——爸妈的评价，是孩子建构自我形象时最重要的基石；爸妈对孩子的批评，也成为孩子评价自己的重要依据，当众指出孩子的错误，会严重损毁孩子的自尊与自信，让孩子产生自暴自弃的心态。

其实，没有一个爸妈愿意让孩子丢面子，有时只是说说而已，或是希望加深孩子的印象，让孩子改正错误；可是通过公然宣传的方法，孩子不但无法心平气和地面对自己的错误，反而会为了自我保护，恼羞成怒，产生对爸妈的抵抗心态，当然也无助于孩子改正错误行为。

批评，让你看不到孩子的真面目

家是我们呈现真实自我的地方，家应该是包容我们犯错，然后，从一次次错误中练习成长，一个充满安全感与爱的地方。在这里，我们不需要武装自我，不需要隐藏自我的短处，可以无比自在地做自己。然而，如果爸妈无法给孩子这样的安全感，反而将孩子所犯的错，大声嚷嚷当成“新闻”公之于众，也许你觉得这只是微不足道的小事，但在孩子心中却是天大地大的事，会让孩子失去对你的信任，连在家中都要试着隐藏与武装自己。

有时候，不只是孩子的缺点，就连孩子的秘密，也要慎重对待！小小孩最喜欢有秘密，能分享秘密的人，往往是孩子最亲爱与信任的父母，随着孩子成长的脚步，生活圈日益扩大，这些秘密有时可能是和朋友聊天的内容，或是上学时小小出错的糗事，当孩子和你分享这些秘密时，你应该慎重地当作一回事，并且欣慰地想，自己还是孩子心中“同一国”的人。

可不要觉得孩子的秘密很有趣，就在亲朋好友的聚会上把它当成笑话说给别人听，这样的背叛会让孩子很受伤，觉得爸妈不守信用，渐渐把自己的秘密藏在心里，不再和你分享！

当众具体赞美，让孩子拥有好人缘

想让孩子成为自尊、自信的人，爸妈就该以身作则，将孩子视为独立的个体，尊重孩子，保护他的面子，不吝于在他人面前称赞孩子的优点。至于孩子的缺点，就回家关起门来，再陪孩子一起如实地面对它、挑战它。爸妈这样的真诚对待，会让孩子感受到“自己是个值得被尊重、值得肯定的人”，这样的自觉，会让孩子在人际关系中，懂得尊重自己，更懂得尊重别人，拥有好人缘。

你或许会心怀忧虑，不知道这样的态度有没有可能矫枉过正，让孩子成为骄傲的“孔雀”，再也无法接受他人的批评？你或许还读过相关的报道，告诉父母“教养子女时的过度赞美，让这一代的孩子极度以自我为中心、过度自信、不顾及他人感受”，还有心理学家宣称自恋时代来临！

其实，只要抓住赞美的重要原则——如实看到孩子的好，打心里赞美孩子，就不会有上述的问题发生了。

最重要的是，不要将自己的期待和标准强加在孩子身上，要了解自己的孩子，接纳孩子的不足，并肯定孩子的长处，具体赞美孩子。比方说，孩子虽然不是球场上表现得最好的那个，但孩子的努力不懈，却很值得我们说：“做得好，我欣赏你的运动精神。”而不是说：“你好棒！”这样模糊不清的赞美，会让孩子对自己的认知与能力产生混淆。

同样的原则，也适用在当众赞许孩子。具体赞美孩子的行为，会比模糊不清的赞美，让孩子更了解自己，找到自己可以更加努力的方向。比方说，当孩子愿意当个小主人，和别人分享玩具时，与其赞美孩子：“你真是个好孩子！”不如夸奖孩子说：“你把玩具借给别人玩儿，和别人分享，真的是一种很了不起的行为呢！”

赞美孩子，但不拿别人当垫背

接下来，还要提醒各位爸妈：赞美孩子，除了要具体之外，更要切记不要贬低别人。

不要在赞美孩子的同时，拿其他的孩子当作垫背，比如说：“你真是个细心的孩子，总会在妈妈需要你的时候，伸出援手，不像×××，总是少根筋似的……”赞美孩子的好，不代表这个好得靠别人的不好来烘托。当爸妈专心地对待自己的孩子，打心里赞美孩子的优点时，也要用同样的心思，来面对别人家的孩子。

随着孩子的人际范围扩大，同辈关系对孩子的影响力会越来越大，同伴间相处时，不同气质的孩子，自然会表现出各自独特的优点和缺点，爸妈虽然无法影响孩子要选什么样的人当朋友，却能借这样的机会，让孩子用不一样的眼光，来理解自己和别人。

当你不吝于赞美自己的孩子，使孩子充满自信心，接下来也要不吝于赞美其他孩子。有自信的孩子，不会因为别人表现得好，而产生“我不好”的危机感，也就能够心平气和，学着欣赏别人的优点，进而肯定别人的优点。而有着“我很好！你也很棒”的心情，孩子自然能够在成长过程中，享受伙伴关系带来的喜悦，甚至产生互相鼓励的正面效应。

“天下无不是的父母！”深信全天下的爸妈，都用自己所认为最好的方法来爱孩子、教养孩子；但是，毋庸讳言，昔日在爸妈“望子成龙、望女成凤”心态下长大的我们，难免都有不论怎么努力，都达不到爸妈眼里的标准这样难以抹去的遗憾吧！但有人说，当了爸妈就像是拥有第二个童年，在陪着孩子长大的路上，也可以“顺路”把自己儿时的伤害和遗憾补起来，让孩子和自己都成为更好、更有自信的人，这是多么幸福的一件事啊，不是吗？

Chapter4

糟糕！孩子不喜欢学习

大部分孩子从来不认为学习是最重要的事情，对于一个正处在天真烂漫年纪的孩子来说，喜欢玩儿是再正常不过的事情了。

其实，如果你回想一下自己小时候读书的状况，面对“用功念书”的态度，说不定就能发现，孩子为什么不喜欢读书了。

导读

有人做过调查，问孩子们："你目前最重要的事情是什么？"答案虽然五花八门，但学习从来不在名列前茅的选项当中。这很正常，不要奇怪，因为大部分孩子从来不认为学习是最重要的事情，对于一个正处在天真烂漫年纪的孩子来说，喜欢玩儿是再正常不过的事情了。

但孩子为什么不爱学习呢？想想以下场景……

当你看到孩子的第一句与学习有关的话是不是大都是："宝贝，今天功课写完了吗？""宝贝，去看书吧！"……你说得最多的是哪一句呢？同理，把这些话放在你的工作中，你的老板看到你总说："你今天的工作完成了没有？""你业绩上升了没有？"……是不是很烦？你是不是会想我除了工作之外，就不能休息一下吗？你就不能关心一下我的家庭和健康吗？同样地，孩子也是这样想的："我爸妈天天只知道问我作业和学习，从来都不会体谅我，更不会陪我玩儿"……这是孩子为什么不爱学习的一个非常重要的因素！

每对父母都不希望也生怕自己的孩子输在起跑线上，于是随着胎教、三岁定终生等幼儿发展信息的普及，孩子的起跑点越来越往前移，加上教育改革的激发，孩子可以"补"的除了智商，其他各项才艺也要输人不输阵地补起来，于是孩子的生活被各式各样的学习填满，亲子相处的时间被安亲班与补习班取代。

这样铆足全力的竞赛，真的能让孩子在人生旅程中领先吗？其实，如果你回想一下自己小时候读书的状况、面对"用功念书"的态度，说不定就能发现，孩子为什么不喜欢读书了。

16

读书很无聊

阅读，对大部分的孩子来说，一开始都是排斥的。其实，利用一些生活习惯的改变，就能在潜移默化之中提升孩子对阅读的喜爱程度，而这个方法是需要通过身为爸妈的你来协助的。当爸妈示范了爱读书的身教，在家中建立起适合阅读的氛围，孩子自然而然会受到感染，爱上阅读。

教养小故事

小旭在学校的成绩始终不是太好。一开始，爸妈心急地叮咛小旭要用功读书，接着则演变成用严厉语气逼迫小旭坐下来念书。到最后，每当爸妈又要小旭念书时，他便反抗了：“对啦对啦！我就是不喜欢看书，怎么样？”小旭对于阅读一点“好感”也没有，更不喜欢读书，但总是被硬逼着做自己不喜欢的事情，结果使他越来越不喜欢读书，接着就连上课看到书本都感到厌恶。

筑一个充满书香的小窝

我自己开始喜爱阅读的时间点，已经记不太清楚，但是，因为爸妈都在印刷厂工作的关系，从小家里所看得到、摸得到的，都是各种不同类型的书本。而妈妈也经常陪我一起念书，所以小时候的我很自然地认为看书是每天生活的一部分。打从有记忆以来，我几乎每天抱着书，并不是我比较特立独行，也不是天生比较聪明，我也有自己喜欢的电视节目和动画片，只是阅读对我来说，已经成了一种长期积累下来的生活习惯。

从小我就喜欢看星座故事，家里有一套四本讲解四季星空的天文科普丛书，到现在我还是不时地会翻阅它们，而小时候就读过成语故事、唐诗、宋词，所以对于文字的敏感度大概也是从那时开始培养起来的。我家还有一套一百本的《自然科学图说》，所以我六七岁的时候就知道蝴蝶是一种属于完全变态的昆虫，因为小时候读过，后来到了初中上生物课时老师讲得更清楚，我便觉得课程更加有趣。

随着阅读量不断增加，我对于各种不同领域的知识也越来越感兴趣，也因此而更加喜欢读书。开始上学之后，和自己窝在书店翻的书本比起来，反而觉得学校课程相当简单，老师讲课时，不管是语文、社会、自然等，对我来说都很容易理解和记忆，所以，成绩自然比其他同学好。

现在有很多爸妈一直在强调要给孩子最好的教育，但是常常发生这种状况：觉得英文很重要，所以让孩子补习英文；觉得计算能力很重要，所以让孩子补珠心算；希望孩子多一点儿才艺，所以让孩子学习绘画或舞蹈等。

其实这些都只是技能而已，就算没学会，对于人生也不会有太严重的损失。但是，如果孩子的技能超高，但对于知识的基本理解与吸收能力却没有培养起来，那么，对学习造成的影响则非常大，而培养理解与吸收能力的最有效方法就是阅读。

有一天和一位担任家教的朋友一起吃饭的时候，朋友说起他的学生的状况，原来那个学生经常看不懂题目，每次都要朋友花上许多时间来解释，搞得他好像不是在教数学，而是在教语文。朋友抱怨说："题目都没看懂就乱套公式，一开始就用错公式，怎么可能会算对？难怪考试成绩不好啊！这属于语文的范围，你来教好了。"

数学是数学，语文是语文，两个科目看起来毫不相干，但事实上却是脱离不了关系的。而上述的情形，同时也发生在许多孩子的身上。我自己本身是很多孩子的语文和作文家教老师，有些朋友则专门负责教数学、物理、化学等，他们有时在教学中发现，孩子成绩差不是因为头脑笨，也不是不懂老师上课时所教的内容，而是考试或写作业的时候读不懂题目的意思，这种情况在做数学的应用题时尤其明显。

例如：摊贩有10支棒棒糖，一支3元，小明向摊贩买了3支，又买了2支，总共付了多少钱?

像这样简单的题目，我们都知道“又”的意思在数学题目中代表的是加号，正确答案是买了5支棒棒糖，总共15元。但看不懂题目的孩子困扰的是，他会先想到一支棒棒糖是3元，买3支是多少钱？买2支是多少钱？这样加起来是多少钱？接着他才会开始做计算，用这样的方法算得慢，也容易算错。

像这样程度的题目还算简单，心算好的孩子一下子就能算出答案了，但到了初中、高中的程度，答案不再那么刚好是整数，越来越复杂的题目和公式要不断地进行理解与记忆，看题目时如果不能一下子理解题目的意思，出题老师究竟要问的是什么，不但作答速度变慢，题目写不完，而且有可能因为看不懂题意而列出错误的算式，当然也就算不出正确答案了。

从小学到高中阶段的课本几乎是用中文写成的，如果没有良好的语文基础，没有办法正确地理解中文，孩子又怎么可能产生自我学习的能力？孩子读不懂课本、作业，考试时又读不懂题目，一定考不出好成绩，时间一长，就连去学校的动力可能都消磨光了。其实阅读能力的培养也是语文教育的一环，帮助孩子吸收他们所听的、所看的、所学的知识，也连带影响往后其他学科知识的吸收。

先别说初、高中课程没搞定以前，考进好大学的目标是不是容易达成，就算以后到了大学、硕士班、博士班，更需要自己学习吸收知识，这时候的老师已经不再像初中、小学的老师那样，耳提面命地提醒孩子们什么时候该读书，想要做好学期报告也要先读懂书本上的意思，看不懂文字，无法正确地吸收，就别想把报告做好了。

大学除了学科上的原文书以外，大多数教科书都是中文的，而且大多数教授在讲台上也是用中文讲课，没有好的中文能力，怎么能取得好的学业成绩呢？

根据《天下杂志》的调查，34.5%的小学生经常会主动阅读课外书籍，但到初中时主动阅读课外书籍的比例下降至28.8%；另外，调查的结果显示有44.1%的家长没有经常阅读的习惯。也就是说，我们常常要求孩子多看书，自己却跑到电视机前，坐在沙发上拿起遥控器，跟着电视机放送的内容哈哈大笑，这样孩子就会容易分心，一定是“身在书房，心在客厅”，那么我们又怎么要求孩子在未来十年，整天抱着无趣的教科书埋头苦读呢？

想要培养孩子良好的阅读习惯，父母务必陪在孩子旁边，先从自己做起，一方面陪孩子读书，一方面用讨论的方式交流彼此的意见，这样孩子逐渐受到影响，家长也可以借此了解孩子的想法，拉近彼此的距离。

和孩子一起脑筋急转弯

和孩子一起从小培养大量阅读的习惯，不但对成长时期的学业有帮助，还可以协助活跃大脑细胞的运作。因为人在阅读的时候，需要眼睛先接收文字信息，再把信息解读成可以了解的意思，这个过程需要思考及信息转换，是相当繁复的，为了完成这个任务，大脑中许多功能便需要一一启动。意大利有一份研究表示，一个人只要读五年的书，得阿尔茨海默症的机会就比文盲少14倍。所谓“阿尔茨海默症”，就是我们俗称的“老年痴呆症”，这种病症发生的原因在于脑细胞因年老而退化，脑部活动量变得极低，所以形成无法自行打理生活的病征。这份研究也显示了阅读可以活化脑部功能，降低脑部老化的风险。

其实在我们的日常生活中，也可以体会阅读比看电视更需要“用力”，因为看书的时候必须不断地“咀嚼”字里行间的意思。随着书籍内容的不同，为了看懂文字内容，有的还要从文字转换成图像，不知不觉中大脑就用了很多的力气为我们服务。

就算是一般坊间公认为闲书的言情小说和武侠小说，在阅读的时候，人会先把文字信息转换成自己所了解的意义，再把这些意义转换成脑海中的影像，这个过程中除了理解，还要运用想象力，随着情节的发展，将一句一句的文字信息变成一张一张的图像。

同时，在这个过程中，大脑还会一边整理这些情节是否有合理的逻辑，整个故事的基础架构是不是符合我们所熟知的日常生活经验。因为只有大脑为我们提供这些服务，我们才有辨别想象与现实差异的能力，而不会把虚假和真实混在一起，像有些人看书看得太入迷，偶尔会出现把幻想与现实混淆的情形。

就连阅读这类所谓的闲书都需要大脑这么辛苦地为我们服务，更何况是其他知识性的书籍呢！例如：谈论物理加速度现象的科普丛书，内容借由许多文字叙述及图表的呈现，推导$F=ma^2$这个公式，在阅读的过程当中既需要不断理解文字的意义，又需要对照文字与图表的相关性，而文字叙述的信息模式又与图表呈现的信息模式有很大的差异，最后却是整理出所要推导的公式，其中思考的复杂程度不是我们三言两语所能表达清楚的。

我们会发现，不管是看书或浏览网络文章，阅读文字比看电视、看影片更花费脑力，经常花一两个小时看电视、影片，看完之后只是眼睛稍微疲倦，不会引起睡意，但看书甚至浏览网络上长篇的文章，这种阅读文字的活动则会在进行一两个小时之后，让人感到十分劳累而且有睡意，这就是因为大脑活动量的差异所造成的结果。

通常，没有阅读习惯的成年人，连阅读报纸杂志上的文章时，也没有耐心读完，常常会直接说："看不懂，不喜欢。"

古人说："三日不读书，便觉……面目可憎。"不是说不读书外貌会变丑，而是因为不读书，没有活动大脑的日常生活，会让整个人的精神内涵变得空洞、无知。就像体育课的时候，大家都在跑步、打球，自己却懒洋洋地躺在树荫下纳凉，时间一久，体力就渐渐退化了，那又怎么可能在运动会的时候参加各种比赛呢？引导孩子多利用阅读的方式，让大脑做做运动，不但可以提升学业上所需要的理解和应用能力，也可以提升面对未来生活中各种挑战的应变能力。

阅读也可以变得有趣味

我们之所以要孩子培养大量阅读的习惯，有个重要的原因是有助于往后的课业学习。再者，读书不但可以帮助孩子活化脑细胞，借着阅读的过程培养想象力、理解能力和逻辑能力，从小培养孩子阅读的习惯还可以了解孩子的兴趣和特质在哪些方面。

爸妈可以先以念绘本和童书给孩子听开始，让孩子对书本产生好奇，进而让孩子自己阅读简单的童话故事书，等到孩子认的字变多了，再逐渐加深阅读的难度，例如各大书店列为优秀读物的伟人传记、历史故事等，对于不知如何为小朋友选择读物的父母来说是比较容易的方式。

建议父母让孩子从文字较多的书本开始读起，这是因为孩子未来很容易被漫画书、电视、计算机等所吸引，这类媒介会产生大量视觉和听觉的刺激，因而距离阅读文字越来越遥远。如果没有从小培养孩子对阅读文字的能力和兴趣，随着孩子的成长，接触的事物和信息越来越多，培养孩子的阅读习惯将越来越困难。

如果孩子比较大了，大约三、四年级才开始培养阅读习惯，爸妈可以从现在起带着孩子以报刊中一些轻松的单元开始。除了爸妈的努力之外，也可以向老师询问是否每周能推荐一本适合孩子阅读的儿童或青少年读物，让孩子在学校课程空当和同学、老师一起讨论书本里的内容，爸妈也可以在孩子读完书后问问孩子有什么样的感想，引导孩子逐渐领略文字的世界。

阅读还可以让我们的孩子吸收前人的知识和经验，在故事当中看到名人努力的过程和志向，向伟人学习正确的人生态度，规划自己可能的人生方向，这些都是孩子日常生活当中所缺乏的，这也是我们需要培养孩子阅读习惯的目的之一。

很多成功人士，不管是学者、政治人物、企业家、演艺人员，他们都要不断进修，而自我进修最有效的方法就是读书。他们从阅读中获得许多前人所体悟出的道理，为人处世、经营管理的经验，从书本中获得各种不同角度的想法，进而帮助他们在面对不同的状况时有较精确、客观的判断力，也帮助他们思考在不同环境中如何以较适当的方式达到目标。

可是，很多人也会每天读书，为什么仍然不能达到成功的境界呢？因为阅读不只是把文字理解和吸收而已，更重要的是如何活用从书本中获得的知识，例如读了《缘木求鱼》的成语故事，是不是真的了解了这个成语的意思？有什么情况我们会用“缘木求鱼”来形容？在生活中，我们是不是也会犯这样的毛病？书里面所教导的道理是不是适用于现在，还是需要调整？缘木是不是真的求不到鱼？请记得，教孩子活用书本的知识比要他们死记硬背更重要。

而学校老师在引导孩子进入阅读的世界时，也要尝试各种不同的方法。不少老师会制作学习单，让孩子带回家做，但有一个问题，对于以往没有阅读习惯的孩子来说，要他们根据主题找一本有关的书，或是以老师指定的书目进行读后心得的写作，他们只是把它当作功课的一环，经常向父母求助，而父母可能因为工作忙碌，只能带着孩子赶快应付完功课就好。

如此一来虽然读了书，写了心得感想，但孩子大部分都是急就章（大意是指为了应付需要，而匆忙完成的作品或事情），哪能领略什么阅读的趣味？哪能真正从书本当中吸收知识与经验？只是单纯应付功课而已。其实我们可以运用课堂后的时间让孩子自由发表意见，听听他们对于书本内容的看法，更重要的是，通过对故事和现实生活的比较，让他们了解其中的差距，以及可以在现实生活中运用的知识。

你的孩子有阅读障碍吗

除了阅读兴趣没有培养起来，孩子不爱看书还有另一种可能的原因，而这才是最令人担心的问题，但这个问题并不会妨碍孩子的发展，只是需要爸妈和老师合作及运用更适合的方式辅导孩子。这个问题就是阅读障碍。

洪兰教授曾经以爱因斯坦为例，他是人类公认成就最大的科学家，他在1905年提出相对论，有出版社整理他昔日的笔记和日记时却赫然发现，爱因斯坦是阅读障碍者。爱因斯坦死后把大脑捐出来供人类做解剖研究，人们发现大脑的体积大并不等于聪明。以爱因斯坦的身高体重来说，他的大脑应该重1350

克，但实际只有1230克。但他的大脑记忆空间区比一般人大了15%。解剖发现，该部位的神经连接相当密，负责输送养分和氧气的胶质细胞也比正常人多。

除了爱因斯坦，研究人员后来还相继发现许多在各个领域有所成就的人，同时也是阅读障碍者，毕生拥有两千多项产品的“发明大王”爱迪生、知名艺人汤姆·克鲁斯、带给全世界的人们童年欢笑的沃尔特·迪士尼，还有音乐家贝多芬、生物学家兼艺术家达·芬奇，甚至以悬疑、惊悚风格创作推理小说的爱伦·坡，都曾经为阅读障碍所苦恼。

我有个学生，在辅导的过程中发现他也有类似阅读障碍的状况。我开始教他的时候他已经是一名高中生，因为从初中起语文就考不好，在初中时期已经高薪聘请在学校授课的语文老师到家中加强语文辅导，但在我接手这名学生时，发现他念书很认真，看起来也很专心。照理讲，他这么愿意花心思，应该不会考得太差才对，所以我开始试着从其他方面了解他读书的问题。

原来，对他来说，听才是最有效的读书方法，对于需要通过阅读背诵的部分，他永远也背不下来，虽然他读得懂，还不至于到有阅读障碍的程度，但“背多分”[1]的方式不适合他，他用这种方法念书当然念不好。

于是我改变策略，需要“背”的部分一定要先讲一遍，也陪他一小段一小段地读书，一一把要背的部分分段背下来，不需要字斟句酌的部分，则只要他理解字词的意思，能用自己的话说出字词的解释，就连文言文课文的翻译，也不要求他非照着参考书的方式写，我让他用理解的方式读语文内容，而不只是背书而已。

1　背多分：通常用来形容应试考试时背的知识点越多，得分就越多。

结果，第一次段考的时候他终于及格了，语文排名全班第八，第二次段考语文成绩是全班第一名。他可以把语文念好，其他科目当然也可以如法炮制，关键在于，孩子念书的方法对不对？适不适合他们自己的优势？

那么，该如何判断孩子是否有阅读障碍呢？

有阅读障碍的小朋友在阅读时，常常因看不懂而分心、哭泣、捣蛋、坐立不安，对于阅读这件事不愿意尝试，甚至连看电视都缺乏兴趣，但对于无须阅读的事情又表现得和一般小朋友没有两样。因为不易察觉，如果发现孩子一直无法学会注音符号、一年级语文及数学成绩上有很大的差异，或孩子到了小学三年级还没有办法阅读儿童读物，就必须注意孩子是否有阅读障碍的可能。

一般有阅读障碍的小朋友分两种情况，一种是字词的辨识有困难；另一种则是认识字词却无法了解文章的深层意义。但是他们的听觉理解却是正常的，所以对于他们，最好的学习方式是脱离书面文字的学习。老师、家长都必须运用各种感官的方式进行个别化教学，当然，也需要医院以及辅导机构的协助。

用心的三个步骤：发觉→理解→应对

即能有效解决孩子的六大教养问题：

- **安全感**
- **学习力**
- **生活力**
- **创造力**
- **自信心**
- **人际关系**

17

明明很认真，就是读不会、考不好

请爸妈或老师首先关注孩子在学校以及家里的状况，有时候影响因素可能和环境有关，例如：父母离婚、吵架，孩子也会受到影响；学校外部事务太多时，可能要请导师了解详情并协助孩子减少外部事务，如果不是这些状况，那么就要更仔细地找出孩子考不好的原因了。

教养小故事

“怎么教都听不懂，这孩子是怎么回事？”小芳的老师每个星期特别抽时间辅导，但小芳每次考试还是考不好。平常上课时有点儿心不在焉，有时候还会打瞌睡，特别辅导的时候看起来却相当认真，每次详细教过一次之后问她懂不懂，她都点点头，一遇到考试却又立刻忘光了，有时候是不会写就跳过不写，写了又粗心大意，整张考卷一个个红圈圈，小芳觉得自己很笨，老师和爸妈也觉得无可奈何。

小芳到底遇到了什么样的问题？是什么样的原因导致她上课心不在焉？这些都要从生活小细节去查看，而且是需要爸妈和老师共同协助才能了解的。

前面没搞懂，后面的当然也不会

以我自己的例子来说，高中数学和高中英文从高一第一堂课到高三最后一堂说“再见”的时候，完全没有一堂课是听懂的。每个学期固定挂两科，但我很努力地专心上课，老师也拿我的成绩没辙。英文老师是全英文教学，数学老师讲课虽然用中文，但对我来说一样都像外星人的语言。老师们虽然人很好，但他们不能只顾及我的程度，因为其他同学很优秀，不能只迁就我一个人。

但我的家境不好，没办法让我两科都补习，所以我只好自己找数学补习班，英文想办法自己念。我的爸妈在这方面没有办法协助我，老师也没有办法提供更好的学习方法。为什么呢？一方面，父母忙着处理他们的事情，而且他们学历不算高，我所念的课程他们根本没有接触过，就算想教我也不知从何教起。另一方面，老师本来就是擅长自己教的科目，才会教英文、数学，他们很难想象为什么自己讲得这么浅显易懂，还是有人没有听懂。高中英文老师和数学老师每次因为我上个学期成绩不及格而找我到办公室时，总是摇摇头问我："到底发生了什么事？"当时的我只知道低着头，完全不知道该怎么回答。

上课听不懂光是补习有用吗？可能还是会有一点儿效果，但这要看孩子本身的状况。

记得我当初找到一间小型的高中数学家教班时，一上课刚过十分钟，我就发现补习班老师教的我还是听不懂，当时我自己就觉得有点儿气馁，甚至举手发问之后，补习班老师说："你怎么会问这种程度的问题？这是初中数学啊！"无心说出口的话，让我当时觉得非常羞愧。

像这样的孩子，我们需要和他一起讨论成绩不好的原因，可能是常常不专心，可能是课程难度太高，或者外部事务太多，导致课程上常常只有片段的记忆，没有完整吸收课堂上的知识，例如常常参加比赛之类，了解原因之后我们才能"对症下药"。像我高中时期的状况，就是因为底子没打好，一考完试初中时期的课程就全抛到脑后，那怎么能顺利衔接高中的课程呢？

孩子的学习路上需要我们的陪伴

上课的时候老师问："有没有问题？"如果没有人举手发问，老师就会做个小结，然后接着讲下一个阶段的课程。

老实说，就我自己读书的经验以及教学的经验来说，有两种人是不会有问题的，一种是完全了解上课内容的，这种人当然没有问题；另外一种是从头到尾没有一个字是听懂的，没有一句话是吸收进脑袋里的，这种孩子当然也不会有问题，要不就是放弃、直接不听课了，要不就是听了也不知道从何问起。

当了解孩子上课听不懂的原因之后，爸妈或老师可以协助以及与孩子沟通是否能降低影响功课的因素，在课程进行时，要怎样加强上课时的理解，毕竟老师讲课时是唯一一次听讲的机会，等老师授课之后才想要以复习的方式加强功课，其实是事半功倍的。

如果是上课不专心，和孩子讨论看看是否可以试试尽量做完整的笔记。有时候笔记也不见得是把老师所讲的话全都抄下来，那还不如整个录下来。况且其实整堂课不是每一分每一秒都是课程的重点，有时候只是老师做课程内容的摘要或介绍。

以前念书的时候，上课前我总是会翻翻课本，想一下老师上次上到哪里，这次要讲的大概是哪些部分，在老师进教室之前就先浏览一下老师今天的进度，这也算是一种简单的预习。上课前的小预习能让孩子在课程进行中更容易抓到老师所要讲授的重点，也能缩短刚上课时培养专心的时间。

孩子需要你的引导，因为这已经超过他自己本身的能力。以我自己来说，高中时期成绩一直垫底，虽然大学联考时还是考了不错的成绩，大家都只看到最后的结果，却不知道我自己在摸索学习的过程中是多么彷徨。每次学校的小考和段考结束，心情最是低落，因为在考试的时候我就知道，那些题目我一个也不会写，都是乱猜出来的。

如果当时有老师和爸妈可以帮我，和我一起度过这种学习摸索的过程，我一定不用这么辛苦，也不会对于即将来临的大考产生恐惧。我甚至一度想放弃念书，因为那时候还觉得自己怎么努力也不会有进展，考了私立大学家里又供不起，考了也是白考。

放心！考出好成绩是有方法的

当初我的父母和高中英文、数学老师大概也不知道怎么处理我高中时期的情况，那个时候自觉成绩一直没有提升也不是办法，又不希望被贴上“你就是数学、英文不好”的标签，所以我只好下定决心靠自己摸索学习的方法，总觉得绝对要好好拼一次才能有定论。

还好当时我对自己的信心还没有完全丧失，以前初中玩儿三年能考到第一志愿，相信大学联考也可以顺利度过，就凭着这种不服输的勇气，那段时间我经常跑到书店，翻阅各式各样关于如何念好英文的书。

没有什么学习方法是错误的或正确的，也没有什么学习方法是万无一失的，坊间也有所谓“保证成效”的记忆力加强班、速读、提升专注力等的补习班，也许有所成效，但这些都是表面的技能，加快某个复习阶段的速度而已，真正要有效学习还是要看孩子本身的特质，运用孩子本身的特质发展属于他个人能掌握的读书方法，那才叫作“适合”。

那么，以往的方式就一定错误吗？不是的，只是以前那个阶段用以前的方法，或许还可以应付考试，而以前那个方式也许是最轻松的。但到达下一个学习阶段之后，可能就要重新做细部的调整。

所谓“适当”的学习方法，是在一段时间内，用个人比较简便的方法，尽快地把限定的课程复习完毕，而且要尽量达到融会贯通，而所谓“适当”与否也和现阶段的课程难度有关。

根据每个人的不同情况，所适用的学习方式也不一样。我自己高中时期的方式是最原始的，英文单词量不够就背单词、背课文，每天背，用不同的方法背，把每一篇课文都背下来。其实语言代表一种文化，也是一种思考逻辑的展现，背多了就会从中找到它们形成的规则，有规则就会有例外，之后只要针对例外的部分特别去记忆就好。

因为数学不好，不知道该怎么办，就每天写计算题，一开始每天写一道题，隔天多写一道题，后来每天写五道题，如果答案错了就自己对照详解检查哪里错，错了就订正，再找类似的题型做一次。计算题算到很无聊的时候，就写参考书或学校自编讲义的基本练习题，而进阶题型因为太难，所以从来不列入每天的例行作业里，只是偶尔当作“娱乐”写一写。

这种方法虽然看起来很笨，好像也没有什么所谓的“系统”，但对当时的我而言却是最有效的方法。因为每天背单词、背课文的关系，高三时我开始发现有些题目的单词是我背过的，有些题目看得懂了，大学联考时成绩很好，其实是长期努力下来达到融会贯通的成果。

了解强项和弱项，学习更简单

要如何协助孩子分析出学科的强项与弱项呢？用商业管理的方式来说就是做一份SWOT分析[1]，做学科能力的SWOT分析有个好处，就是通过讨论与分析，孩子可以清楚自己的长处和缺失在哪里，在课后复习或考试前的复习计划

1 SWOT分析：是用于帮助企业、部门或个人清晰把握与其发展目标相关的外部和内部的环境与资源的一种战略分析方法。S代表Strength，内在优势；W代表Weakness，内在弱势；O代表Opportunity，外在机会；T代表Threat，外在威胁。

中，可以妥善安排时间，取长补短。

以我高中的情况来说：我的记忆力很好（内在优势，Strength），语文这种背诵类的科目就难不倒我，因为逻辑能力也还不错，加上从小读了很多相关书籍（外在机会，Opportunity），所以对于历史事件的推移或者地理这种推理性的学科也很有把握，但是因为计算能力不好（内在弱势，Weakness），导致我的数学考卷常常公式用对了，但计算结果是错的；还有英文方面，则是因为我没有时常使用的环境和对象（外在威胁，Threat），接触的单词量不够，所以题目看不懂，考试写英语作文的时候也没有办法。

我高中的时候当然不知道什么SWOT分析，但当时自己认为没有那么多时间可以准备所有的科目，学校安排的课程表里，每天至少有五到八科要上进度，放学之后开始复习也不可能逐字逐句复习完一遍，想到“时间就是金钱”，应该把时间花在刀刃上，所以才自己编了一套课后自习计划。如下：

星期 时间	一	二	三	四	五	六
19：00	文史地	文史地	文史地	文史地	文史地	补数学
20：00	数五题	数五题	数五题	数五题	数五题	补数学
21：00	背英单	背英单	背英单	背英单	背英单	问数学
22：00	背英课	背英课	背英课	背英课	背英课	休息

这其实不算缜密的计划表，我当时还留了星期六白天要睡觉、做家事，星期天也给自己一个借口休息，算是对自己“很宽松”的计划。而表中“文史地”安排在一起是因为一方面我自己读这些科目不需要花太多时间，只要跟着

课程进度稍微复习就好，如果提早复习完就可以先休息或复习其他科目，其中也可以发现，英文和数学就占去了我大部分的时间，因为自己评估这两科要考到令人满意的成绩，需要花很大的心力才行。

因为了解自己的强项和弱项，就知道应该如何安排自己的读书时间，如果你的孩子整体来说成绩不好，也可以和他们讨论看看哪一科是他们比较好的，哪一科是比较弱的，可以多挪一些时间来念自己比较弱的科目。如果再加上前面所提到的上课专心听讲及理解课程内容，以及协助孩子找到属于他们自己的读书方法，那么，大概做到这个步骤，他们的成绩也必然可以提升不少。

问问问！有问题就要问

通常询问问题的对象可能是学校老师，因为学校各科老师自己备课，自己教学，最清楚学校考试的题目要怎么解答，然而学校老师通常很忙碌，同时要带好几个班，若不是担任班主任的话，通常只有到班上上课时才会见到老师。如果希望老师能固定让孩子问问题，最好事先询问老师方便的时间，例如一周当中某一天的中午或者放学后的某一段时间。

如果不好意思常常麻烦学校老师，可以请该科成绩比较好的同学协助。有时候同样都从学生的观点出发，也比较清楚为什么会误解题意，为什么孩子作答的思考方式是错的，所以向同学求助也是一个不错的方式。如果孩子和成绩比较好的同学交情不错，有时候也可以请那位同学到家里一起复习功课，这样也有伴读的效果。

学校老师和同学的义务帮忙，有时是要配合人家的时间，但孩子不懂的问题可能随时都会出现，而且可能每一科都有需要，若是这样我就会建议学生去补习，一方面，到补习班上课时老师会重新讲解一遍学过的知识，学生会有不同的体悟；另一方面，现在的补习班都会配合该班复习计划，规划出可以自习及问问题的时间，也算是一种不错的选择。但要注意的是，补习班师资及管理方式参差不齐，要慎选真正关心学生的补习班。

另外就是请家教或伴读，这个方式对于家长来说，经济负担会重一点儿。不过直接请家教和伴读，只要家长和老师双方事先谈好时间，孩子就可以固定在指定的时间问问题。家教或伴读费用和课程难度以及教学经验成正比，课程难度越高，所需的备课时间越多，经验越丰富的老师，越有足够的能力解决学生普遍出现的问题，当然费用相对也比较高，但同时也可以考虑家庭的经济能力，在妥善安排之下有时候会比让学生去补习班有效又便宜。

在问问题之前还有一件事情要注意，让孩子在做过题目之后自己先对答案，对过答案之后要先找详解。有时候明明是很简单的题目，有些孩子却懒得找答案，因为觉得："反正有老师可以问。"一次列出几十个问题，每一题都要讲解十分钟，那有再多时间也问不完，没有效率并且浪费时间，以前我在补习班当语文辅导老师时，还有学生只是要问一个字是怎么念的，排队排了半小时，但这种问题不是查字典比较快吗？

不过，要是孩子自己努力过后，还是找不出详解，一定要铆足劲儿问问题。我在准备大学联考时，在学校问老师、同学，在补习班问补习班老师，最后知道有一个补习班同学提早保送上大学后，他每个星期六会到补习班附近看漫画，每次补习完后如果有来不及问老师的题目，我就抱着参考书到漫画店找他问，连漫画店老板看到我都知道我不是来看漫画的，是来找人的。

离一百分越来越近

我在上课的时候都会和学生们分享一些以前念书的经验，他们总会觉得不可思议，他们认为如果英文或数学一直都考二三十分，直接放弃是最明智的选择。这正是人类怠惰的本性，而我都会告诉他们，因为我这个人个性很叛逆，越是困难我越要挑战。

但是挑战不是每一次都会成功，有时候也会灰头土脸，只是秉持着“在哪里跌倒就在哪里爬起来”的心态，当我发现目前能力还没有办法达到我要的目标时，我也不会盲目努力，我会阶段性地设立成绩标准，让自己好过，也让自己渐渐有了信心。

一开始是小考进步，英文和数学都多了5分，我就想：“下次再进步5分吧！”如果下一次小考又进步了5分，那代表我又达成了目标，这一天我就会快乐地去麦当劳买一份薯条，作为奖品犒赏自己一下，这是我自己一个人摸索学习时的阿Q精神。不过如果孩子身边能有爸妈或老师陪伴，孩子知道他的努力大人都看在眼里，这样鼓励的正面效果一定更大。

面对你的孩子也一样，本来只考二三十分，一下子要求他考到60分，这个差距是很大的，学生对于考试都会感到压力，60分对目前的他是遥不可及的梦，我们可以先以60分为远程目标，希望下次进步10分，如果下次能考到40分，这样就是很大的进步了。

信心的建立也需要爸妈和老师共同来完成，虽然进步10分好像看起来很简单，但学生一下子没有办法了解这真的是一件很简单的事情，这时候我通常会分析学生的考卷，看看学生大部分答错的题目有哪些，通常只要每个大题都多答对一个小题，进步10分是没有问题的。

随着影响成绩因素的程度降低，加上家长和老师的协助，孩子将会明白共同设定的学习目标并非遥不可及，孩子就会有可以完成的信心，在不断的尝试中也许会有些跌跌撞撞，也许不会一下子就看见成绩改善的效果，但至少孩子也会感受到他不是彷徨无助的。

18

念书总是分神，无法专心

有时候孩子不专心是因为身边有太多令他分心的事物，有时候却是连孩子本身也不知道导致分心的因素是什么，只有父母和老师的协助能够帮助他们厘清问题的症结点，引导他们完整地吸收学习内容。

教养小故事

小俊每天去上学时书包里会带各式各样的文具，而且他在上课时总是东张西望，一下子摸笔，一下子摸橡皮擦，一下子又转头想拿旁边同学的东西。当爸妈知道了，责备小俊上课不专心，威胁他如果再不专心听讲就不再买玩具时，小俊一把鼻涕一把眼泪地说："我也很想专心啊！可是不知道为什么没办法一直看黑板啊！"

这个摸一下，那个也摸一下

我有过一次失败的家教经验。当时我的学生每科成绩都排在最后几名，但我发现他社交能力很好，对人的观察力也很敏锐，当我假日一大早起床到他家上课时，他会突然问我："老师，你最近过得好吗？"我反问他："普普通通，最近没什么特别的。为什么这样问我？"很少有人会问我这样的问题。他说："因为我觉得你看起来脸色不大好。"我才知道，敏锐的观察力让他发现我有不对劲儿的地方，而那几天我因为备课没睡好。

按照一般情形而言，拥有观察力的孩子在学科上的表现不会太差，因为拥有观察力，自然会注意到许多小细节，老师在讲台上教的课程也会巨细无遗地吸收。但这个学生之所以成绩不好，只有一个原因——上课不专心。

这个学生上课不专心的状况不仅仅是和同学聊天，自己把玩着花哨的文具，念书的时候开计算机上网玩游戏，和网友热烈互动，连我一对一上课的时候也会突然飞来一句：“老师，你喜欢罗志祥吗？”不要说看一本书，就算只是读一篇文章、写三百字的作文、算一道计算题、默背一小段文章，他都没有办法完整地做完。

有时候应付这个学生的不专心到无计可施时，我会直接问他：“你可以先不要想这些事吗？”“你想把自己的成绩提高到什么样的程度？”当妈妈发狠断掉家里的网络时，他也会哭丧着脸说：“我也想把书念好，但就是考不好啊！”虽然我尽心准备各种不同的授课方式，但因为他不专心的状况实在太严重，我怎么努力都没办法增加他对于学科的兴趣，提升他的专注力，只好和他妈妈商量停止家教的事。

当时只觉得这个学生很聪明，只是经常不专心，还没有认识到可能有其他因素导致他成绩不好。现在回想起来，他可能长期以来都有过动的倾向，但家长没有发觉，学校老师也单纯地认为只是一般的不专心，没有多加注意。当然，有时候也有可能是孩子进入专注状态所需的时间比较长，或者也可能是家长、老师的耐心不足，无法等待孩子进入专注的状态。

以我那个学生的情况来说，两小时的课程有一半以上的时间都是他的专注力凝聚期，过了大概一个多小时才开始迈向专心的阶段，但大概最后20分钟，他已经开始想着下课之后要做什么事了，实际上他真正专心的时间可能不到20分钟。

还有一次家教试教，对象是4岁的小女孩，我问家长为什么要请家教，因为很少有年纪这么小就要请家教的。原来她妈妈本身是全职家庭主妇，请家教只是希望孩子在起跑点上提前开始跑。

但这个孩子很好动，静不下来，第一次上课的时候，根本来不及准备各式各样的教具，孩子无法把注意力放在我身上。又因为孩子还太小，妈妈随侍在侧，结果这个女孩从头到尾一直黏着妈妈，对她来说我不过是个陌生的阿姨。即使先前妈妈已替孩子买了一堆教具，那些教具我不但没有试用过，而且孩子老早就因为玩过已失去新奇的感受，既引不起孩子对我的注意力，又多了让孩子不专心的因素，这个过程当然是失败的。

后来，这个妈妈大概也想放弃了，所以她离开当时正在教学的房间。妈妈离开后，孩子才开始听我说话，我也开始跟她说话，然后再把“无聊的”教具拿掉，改成用当时房间里的各种物品教她表达，课程目的就达到了。像这些孩子，不专心的情况虽然和过动儿[1]有些类似，但事实上只要仔细观察和对照每一种状况，就可以初步确认是否有过动倾向，家长也不用太过担心。

孩子不会告诉你为什么不能专心

当孩子有强烈不专心的情况时，一边排除每一项使孩子不专心的因素，一边观察每一次排除影响因素时，孩子专注力的提升是否有较大程度的差别。当我教学时，拿走学生把玩的花哨文具，拿走他的偶像照片，拿走他手上的鼠标，把计算机屏幕关掉，学生的注意力就会提升一些。

不过前面提到个案的学生，每一次我把她的分心因素排除之后，过一会儿她又会再从书包里拿出不一样的花哨文具，并且一一向我介绍。曾经有次上课，当她把所有东西都堆到我这里的时候，我身后光是各种不同图案的便条纸已经叠到大概三四十厘米高了，而这还没算上她原本满满两个笔袋的，各种不

1　过动儿：即注意力欠缺过动儿，通常称为“多动症”。

同粗细、长短的原子笔。

至于那个4岁的小朋友，在妈妈这个最大的影响因素离开之后，开始注意听我说话，我要传达的上课内容才进了她的耳朵。但因为孩子年纪小，也不好当场请妈妈离开。因为在不确定这么小的孩子对于妈妈的黏度有多高时，让妈妈离开也可能造成孩子的恐慌，其实孩子对这个环境很熟悉，不会害怕妈妈暂时离开的影响，妈妈的存在反而成为她不专心的因素。

由于过动倾向变得明显，大部分都是在孩子开始上幼儿园或小学时，因为课程上有写字和阅读等静态课程，通过老师的反映，家长才会赫然发现孩子不够专注，所以家长和老师的良性互动对于协助孩子取得学习上的进步是有帮助的。

孩子自己没办法讲出他为什么会不专心，他只能判断自己觉得有趣的东西，而他的注意力的确放在那些有趣的事物上，我们必须一一观察他的行为，才能够比较出孩子是否有什么学习上的困难。

当孩子难以专注时，爸妈可以多耐心观察一段时间。以阅读来说，观察孩子是否对于其他类型的书籍比较能发挥专注力，如果是过动倾向而无法专注阅读，那么也无法持续长时间地阅读其他不同类型的书籍，并不只是课本而已。我们也可以通过其他一些行为模式，来观察孩子是否有这方面的问题，例如：吃饭、睡觉、看电视、写作业、画画、进行静态或动态游戏等。

如果你的孩子上课不专心的状况持续了很长时间，在教养方面已经让你感到相当困扰，而担心是否可能有过动倾向时，应该尽早向心理科医生求助，经过详细的测验可以进一步判断，提早解决孩子学习的问题。但同时也有数据显示，有时候在医生进行是否过动的测验时，孩子的心情好不好，愿不愿意配合医护人员的指示进行专注力测验，都会影响测验结果。当孩子情绪不好时，就不愿意配合，这样的测验结果就变得不准确了。

仅凭这些少许的征兆并不足以判断为过动儿，但是如果等到孩子已经读到初中，就算向医生求助，治疗的黄金时期也已经过去了。

过动儿在学校中经常也是备受瞩目的焦点，有时这种声音则来自其他受到打扰的学生和家长，造成学校极大的不安和困扰。许多专家学者都发现，巧妙地运用班级经营的策略，不但可以改善过动儿的行为，发现其潜能，建立自信，还可以让同学接纳进而一起协助过动儿学习。

在相关规定中，过动症并不属于其中一个类别，除非孩子符合现存各类障碍的界定，如学习障碍、性格行为异常、身体病弱等，否则也只能留在普通班和一般学童一同学习。所以，当我们身边有这样的孩子时，更需要付出爱心、耐心，陪伴他们一同成长。

你的孩子是过动儿吗

根据美国精神疾患诊断标准（DSMIV）指出，“过动症”其实叫作“注意力缺陷综合征”（Attention Deficit／Hyperactive Disorder），“过动儿”又称“注意力欠缺过动儿”，是指在7岁前发病、在两个或两个以上的场所（学校、家庭、工作场所）造成社会、学业、职业功能上的损害，而且是非其他发展疾患、精神疾病所引起的。过动儿在日常生活中，会有以下症状：

一、注意力欠缺：生活上常常粗心大意、易犯错；很难持续专注在某样工作或活动上；讲话时常心不在焉。

二、过动：任何时候及场合，总是动来动去、爬上爬下，很难安静下来；话很多。

三、冲动：个性急、无法等待；不顾危险等。

这三种主要特点，并不一定会完全发生在同一个孩子身上，尤其有一类型的过动儿，是以注意力缺陷为主，因为没有过动的行为，也没有冲动的情绪，更容易被忽略。注意力缺失从外表不容易察觉，再加上有关的信息不是很普及，因此，一般人总是误会他们是缺乏管教的坏小孩。

其实，过动儿一般十分热心，没有心机、很少存心害人、喜怒形于色、不会做作。欣赏他们的优点，忽略他们的缺点，是对待过动儿最好的方式。我们必须了解到注意力缺陷综合征，是因为孩子在生理上的缺陷，造成脑部在发育的过程中，自我控制出了问题，导致大脑功能不协调。

我们可以想象一下，在过动孩子的脑部有两套系统，一个刹车系统和一个加速系统，有过动症状的孩子就是脑部的刹车系统出了问题，造成他们只会猛踩油门，却无法启动刹车系统，一旦刹不住车，自然很容易撞到别人而闯祸。

在注意力缺失的药物中，Retalin（利他林）是主要的药物，用药的机制不是在于用镇静剂让孩子静下来，而是在于使脑部刹车系统正常运作，避免孩子产生过动而难以控制的情形。除此之外，还需要学校教育的配合，老师适当的教导，以及父母在教养态度上的调整。

辅导这类孩子的第一步是主动去了解孩子的问题和困难，先问“为什么”，才有可能谈如何辅导。老师不会因为他特别吵闹而排斥他，而父母能够转变本来的态度欣赏孩子本身特有的优点，也有助于改善紧张的亲子互动，使孩子人格气质得到正常的发展。

当孩子有好的表现，我们要立刻给予正面的回馈，包括赞美、鼓励或是身体上的拥抱，要专一且清楚，尽量紧接在好的行为发生之后，这样对过动儿发展好行为，以及养成良好的习惯有很大的帮助。越能提供孩子实时的回馈，对过动儿的问题行为改善越有效。

当孩子吵闹或出现不好的行为时，要针对某一个负面行为，明确地根据孩子能够理解的程度来告诉他，让他很清楚地知道什么样的行为是不好的。有时也可以不予理会，采取削弱的方式，故意不予反应，以免造成负面行为的增强。心理学上常利用正面增加、负面削弱的方式，反复协助注意力缺失的孩子建立正常的行为模式，长大之后随着改善引导的方式，以及脑部发育渐渐成熟，过动的表现会随年龄增加而减轻。

在管教的过程当中，首先，必须注意的是，父母与其他长辈对于孩子的要求标准必须一致，不能因为对象、时间或情境的变化而改变对孩子的要求和期待。其次，要训练过动儿知道这些原则和后果，尽可能让在家施行的原则也适用在家庭以外，否则会造成孩子的比较和价值判断的混淆，无所适从。

我们可以利用和孩子互动的过程中，让他自己思考如何利用本身的能力，增强自我的行为控制。既然过动的小孩精力过剩，坐也坐不住，那么就尽量使他有正常活动的机会和时间。可以借着运动，或其他有趣的活动，疏导旺盛的精力，或赋予他特殊的任务，如每天将近一个小时的剧烈运动可以达到很不错的效果。

尽量以平稳的态度、语调及幽默感和孩子相处。当你生气的时候，避免吼叫或处罚孩子，沟通上要清楚、单一，说出指令后，要注意孩子的反应，确定他们听到了，指令要用肯定句，不要用问句的方式，如：“该睡了”，而不是“可以睡觉了吗”？用具体的方式说“玩具放回盒子里”，而不是“整理房间”，让孩子清楚地知道你的意思。

我们也可以简单而直接地对孩子解释他们的过动现象，帮助他们了解过动现象如何影响他们，让他们知道自己和别人有一点点不一样，我们都要学习去控制那些不一样的地方，让孩子了解你们希望他们尽可能做到的方式。同时也需要适时对其他家庭成员解释孩子的问题，让其他孩子或家人了解为什么有些时候父母对他们的行为处理方式不同。

同时，适当的家庭环境布置、规律的作息时间，也有助于孩子的生活习惯、注意力及情绪稳定。帮助孩子找出他们可以做得很好的活动，并在生活中给孩子分配一些简单的工作，且奖赏其完成工作的好行为。平时也可以多鼓励孩子专心、有耐心、认真、仔细的态度。

当孩子已经对简单的事情驾轻就熟时，逐渐增加孩子可负担的工作的难度。鼓励他们承担更多对自己的责任。确定你设定的目标是实际可行的——期望必须先放在孩子能做到、能获得成功经验的事情上。指导孩子完成工作的方法，一次只给一个方法或一个指令，否则同时给太多指令，他们很容易发生混淆。

经常困扰过动儿家长的事情是，当孩子的问题活生生地呈现在别人面前或公共场所，常让家长感到压力很大。事实上，我们可以和孩子在事前分享、讨论，将有助于减少问题行为的发生，万一还是发生了，可以利用暂时离开现场的方式，私下处理孩子的问题行为。

最重要的一点是，父母需保持良好的体力及精神状况，疲倦或感觉受挫的父母在遇到孩子的问题时，当时很难立刻有适当的态度与方法。过动儿的确不容易教养，有时不妨善用社会资源，咨询专家，寻求支持也会很有帮助。

19

学习一点儿都不有趣

一个从小热爱动物，喜欢搜集各种生物标本的小男孩，他的爸爸是知名的医生和科学家，担心孩子玩物丧志，大学时送男孩去念医学院。他在医学院学到生物和解剖学知识，并加入自然科学社团。但是由于男孩只要看到血就害怕，爸爸又将他送去念神学院。男孩只好寄情于自然科学书籍和野外采集标本的活动，特别是甲虫标本的搜集。

教养小故事

小学二年级的华华讨厌上学，更讨厌读书，因为上学很无聊，坐在教室里一整天，什么事都不能做，只能听老师从早讲到晚，一直讲、一直讲。爸妈很担心这样的情形，并且每天都紧盯华华的学习进度。有一天，华华却对爸爸说：“隔壁的明明说，他从小学一年级就开始讨厌上学，比我早一年呢！”在不能改变学校教育的前提下，华华爸爸有机会改变孩子对学习的观点吗？

炸毁学习力的地雷

“有一天，我剥去一些老树皮，两只稀有的甲虫赫然出现在眼前，我赶紧一手捉住一只。就在这时候，第三只甲虫出现了，我可不想放弃它，于是我把右手的那只先放在嘴里，忽然它排出一些辛辣的液体，哎呀！烧得我的舌头好痛，不得已只好把它吐出来，它一下子就跑掉了，而第三只甲虫也没有捉到。”

如果你猜想，一个会笨得把甲虫放到嘴巴里的人，将来应该不会有大出息吧？那你就错了，这个小男孩叫作达尔文，他后来写了《物种起源》，挑战《圣经》上“生物是上帝所创造，物种是不变的”观点，改变了世人对自然物种的看法。

事实上，达尔文一生都为了自己的兴趣而努力，即使家人不赞同，他还是用无比的执着和求知的热情，克服病弱身体的限制，坚持自己的兴趣。从“小猎犬号”航海回来，到《物种起源》的出版，实际经过了23年的光阴，达尔文用无比的毅力和坚持，去完整建构他的理论。他还说：“我终身主要的乐趣和唯一的职业志向，就在于生物学的研究工作。”

标准教法磨灭孩子的学习动机

学习早已脱离过去的面貌，单是通过“填鸭式”积累死知识，并没办法让孩子面对日新月异的网络时代。当所有需要记忆背诵的知识，都能在网络上轻易获得时，这一代孩子该有的是“活化知识”的学习力，懂得分析、创造、建立知识，并将它应用在生活中。

那么，什么是学习力？爸妈应该如何培养孩子的学习力？

对大自然和万事万物的好奇心和探究，其实是人的天性。来自于兴趣和动机的学习力，其实每个人天生就有！

最早影响孩子的是父母，等进入学校以后，就是老师。但是，许多家庭的教养方式和学校的教育模式，往往不利于孩子天性的发展。举例来说，大人喜欢用“小孩子有耳无嘴”的态度来对待孩子，要求孩子照大人说的话去做就好；加上很多家庭的环境太好，大人怕孩子弄脏衣服、弄坏物品，越俎代庖帮孩子做事，使得孩子的学习机会被剥夺，没有机会去自主地尝试、学习、探究，孩子自主学习的动机就会渐渐消失。

等孩子进入学校后，学校老师如果只会用标准的教法，如老师说：“……跟我读就对了。”不给孩子机会去尝试，渐渐地孩子的学习动机就会消失，兴趣也跟着不见，形成“我是为了爸妈，去应付这些功课”的心态。

另外，学校因为孩子多，老师还有既定的教材要教，只好叫孩子“听我的就好”，没时间留给孩子思考和讨论，但是，思考和讨论却是学习上极为重要的过程。孩子本来很想发表他的看法，但是时间有限，所以两三个小孩说完后，老师就说：“好了，下次再说。”可是下次又是不同的讨论，于是，慢慢地孩子再也不想响应课堂问题了。

又或者，如果孩子回答的跟老师设想的答案不同时，老师就会让其他学生继续回答，或者不给予孩子肯定，慢慢地孩子学会附和大人的想法，也就没了自己的思考力、判断力。

做孩子学习的良媒

《亲子天下》做过一项调查，在可供复选的选项中，78%的孩子用功读书是为了考上好高中，43%的孩子是为了让爸妈高兴。

与其紧盯着孩子的学习进度，每天问孩子考试准备好了没有，功课写好了没有，努力为孩子在课后安排各种补习，让孩子觉得书是为爸妈念的，倒不如从根本上改变，找回孩子主动学习的动机。

达尔文的故事足以印证英国教育学家斯宾塞的说法：“没有什么比满足孩子的兴趣更有吸引力，也没有什么比兴趣更能让孩子忍受，哪怕是吃苦受累。”

有了兴趣，注意力、持久力等也会跟着来。所以，爸妈应该有技巧地诱导，让孩子对万事万物产生好奇。探索和体验，往往是引发学习兴趣的重要过程，比方说孩子从玩儿之中发现科学的真理，比如玩颜料发现颜色的混合结果、电池为什么能让车子动……

没有让孩子在学习中玩儿，只告诉孩子标准答案是什么，让孩子死记硬背，孩子自然会不喜欢学习。爸妈也要知道怎么跟孩子玩儿，不可以有自己设想好的步骤，要求孩子一定要照着顺序做，或是说："喔！你真笨，怎么玩儿那么久。""怎么那么差，都弄不好？"……否则会让孩子兴趣缺乏。

针对爸妈头痛、孩子挫败的写作业问题，一位校长分享过个人的成功经验："就像相亲要留下第一次的好印象，学习的开始，也要让孩子觉得有趣！"当孩子初次写作业时，爸妈一定要把写作业的环境布置好，同时爸妈要用心、有耐心，一开始从头陪到尾，慢慢地只陪一半……循序渐进地训练孩子独立写作业。

学习不一定是"快乐"的反义词，就算是学注音符号、英语字母，其实也是可以从游戏中来学习，比方说把注音符号做成卡片，亲子一起玩儿，让孩子觉得有趣，等到要写时就不会很痛苦。千万不能只叫孩子写，或是孩子写不好你就擦掉。

乘法口诀表也是，不让孩子知道为什么"2×2＝4"的原理，只要求孩子背乘法口诀表，把数学的定理"灌"给孩子，要求孩子说："今天要背，明天就要考，考不好就……"还加上惩罚，孩子自然会一点儿兴趣和动机也没有，觉得"念书真讨厌"！

构建乐于学习的家庭气氛

除了让孩子克服消极地应付学校的课业，爸妈还要替孩子构建乐于学习的气氛。学习不等于学校的功课，我们的孩子也不是上了学才开始学习，如果刻意将学习与生活分割开来，特意频繁地再送孩子去"小小科学营""小艺术家之旅”……结果往往弄得大人和小孩都疲于奔命，没有办法好好地过日子。

关于学习，其实可以在生活中进行，一位专家分享了她的心得，建议爸妈只要“陪他玩儿→找出有兴趣的方向→提供进一步需要的工具”，就能构建乐于学习的家庭气氛。

孩子的学习是与生活密不可分的，只要爸妈愿意陪孩子玩儿，就自然能知道孩子在探索、发现什么。顺着孩子的兴趣走，当孩子对什么有兴趣时，你就跟他一起观察、讨论，跟他一起想就好了。比方说，当孩子喜欢玩车子时就陪他，不要认为孩子一直玩车子不好，应该玩积木才行。顺着孩子、跟着他，看他做什么，跟他一起玩儿，就是最好的方法。

顺着孩子的兴趣，提供适龄的工具和相关的书籍给孩子，比方说，当孩子喜欢观察自然时，可以给孩子提供放大镜，让他可以更深入地观察自然界。对于年龄较小的孩子来说，提供放大镜比提供显微镜更好，用显微镜的话，爸妈可能因为担心孩子不会使用，从头到尾提醒孩子“不可以这样”“这个会坏掉”……反而干扰了孩子的探索。

生活中其实处处是学问，比方说：洗澡时在澡盆中或浮或沉的各式玩具，就隐含浮力概念；帮妈妈煮菜时，菜肴的搭配，能促进数学、化学、美学的概念等的发展，教育专家提醒爸妈：“家长不要给自己太大的压力，好像每个星期都一定要陪孩子探索。只要愿意、有空就好好地陪孩子就好。”

只要爸妈能提供时间与空间，让孩子尽情研究周遭的各种事物，满足孩子的好奇心，并获得知识，其实就是最好的家庭学习气氛。

20

分数就是一切

妈妈问孩子："你数学考多少分呢？"孩子说："考85分。"妈妈说："怎么考得这么差！"孩子回答："可是，我语文考100分喔！"妈妈说："那一定是题目出得太容易了。"自从孩子进了学校，考试的成绩往往掌控着家庭气氛——考得好就是阖家欢乐，考得不好就进入"低气压"，等待另一个好分数来吹散。

教养小故事

每次考试前，美美都很紧张，一边要准备考试，一边还要担心万一考不好爸妈又会生气，结果越是紧张越容易出错，常常错在最简单的题目上。爸妈看了考卷就生气：“怎么这么简单的题目，还会写错？”“为什么这么粗心？”美美真希望这世界上没有“考试”这件事，这样她的爸妈就不会变成“喷火龙”。

好分数，不代表未来的竞争力

为了追求更好的考试成绩，爸妈不惜花大笔金钱，将孩子送到安亲班、补习班去，尽力将孩子的成绩补起来。根据统计数字，过去10年台湾地区补习班的数量较以往增加5倍，补习班的招生年纪也逐年下降，从针对升学的初中生，下移到小学生，甚至学龄前的孩子，也早早被送到补习班去。

而这些补习班与安亲班，也的确使出浑身解数，设法在成绩上安家长的心，努力出考题、作业给孩子，甚至常会在学校的月考中，听到孩子不经意地说：“这跟安亲班写的考卷一样呢！”

“孩子度过无忧无虑的童年后，必定会走进学校，进行各种系统的课程学习，学校又总是和考试密不可分，有考试就会有优劣、胜负……一个受到这种刺激而学习的孩子，容易失去学习和求知本身的乐趣，他很少去发现知识，相反，他会不断地去满足标准答案……”

上面这段话一针见血地描述了分数和失去学习乐趣的因果关系，是英国教育学家斯宾塞于一百年前所写下的，如今读起来还是相当符合现代学校教育的“病征”呢！

斯宾塞提出的解决方案是：“我建议所有的父母，不要太看重孩子的考试分数，尽管它是一个暂时无法改变的事实，应该多关注孩子的思维能力、学习方法，尽量留住孩子最宝贵的兴趣和同样宝贵的好奇心。”

对爸妈来说，不要太看重孩子的分数，这可以说是难度相当高的“功课”。连吴医师也很难放下这样的焦虑：“要说我自己不会焦虑，那不是真话。但孩子已经尽力了，你就要接受它，这是大人的‘功课’。孩子本来就不是一个各方面都能达到100分的孩子，那怎么办呢？难道要否定孩子存在的意义和价值吗？孩子存在的意义和价值，绝对不是用他考了多少分来决定的。”

每个孩子的学业成绩是不同的，爸妈应该看到孩子的能力，替孩子设下合理的目标，而不是每个孩子都要达到100分。有的孩子可能只能达到70分，但爸妈应该帮助孩子看到，哪一部分是他可以做的，哪一部分他可能努力一点儿就做得到，而哪一部分是他怎么努力也做不到的。

每个大人，不论是爸妈或老师，都应该帮助孩子在学习的过程中，认识自己的优点、肯定自己的能力，这样才能真正提升孩子的学习力。

找出超越分数的竞争力

“改变不大的学校教育，追不上世界改变的脚步”是全世界教育改革的根本认知，但是究竟什么样的学校教育，才能培育出优秀人才？这是一个还没有标准答案的问题。

领导哈佛大学教育改革领导小组的托尼·瓦格纳（Tony Wagner）教授，在他的著作《教育大未来》中提出：“当学校教育所教的、考的，跟21世纪职场产生巨大的断裂，如何改变，牵动着每个孩子未来的成就与命运。”

瓦格纳教授提出年轻人21世纪必备的七大新生存技能，并率教育改革领导小组过去九年在全美八大州、三千所学校撒下变革的种子，希望通过教育人员再教育，填平成就鸿沟。通过改革学校教育，更加贴近未来职场的需求，或许是未来一个成功的契机。

该如何替孩子找出超越分数的竞争力呢？瓦格纳教授提出的“未来职场需要的七大能力”是批判性思考与解决问题的能力、跨界合作与以身作则的领导力、灵活性与适应力、主动进取和开创精神、口头和书面沟通能力、评估和分析信息的能力以及好奇心与想象力。

身为爸妈的我们，虽然无法改变学校教育的评分制度，却可以不必太过看重分数，将焦点放在真正的竞争力上，如好奇心、想象力、思考力、语文力等，其实通过亲子共读就能帮助孩子培养出来。

阅读是学习力的起点

热爱阅读的孩子，就像坐拥丰厚知识宝库的管理者。

阅读力，是一种转化解析的能力，从前的人将知识用文字记录下来，让之后的人可以从中快速获得这些知识，也正是阅读，让人类得以“站在巨人的肩膀上”快速进化。

一个善于阅读的孩子，将会成为自主学习的高手，在这个信息普及的时代，随时随地可以上网搜寻相关知识，解答自己的疑惑，或是进一步思考和分析诠释而成为自己独特的见解。

阅读力也是想象力的温室，能补足学校教育的不足——“只重视事实的灌输与记忆，不注重横向的连接与思考”。

比方说，孩子可能在学校背了一大堆战争的年代和输赢，但是一点儿也不了解战争当时的时空环境和背景，通过相关历史故事的阅读，让书中的古人“活过来”替孩子讲故事，就能让孩子理解历史事件背后，古人的情感与抉择。

通过阅读，提升孩子的思考力，也能提升孩子的情绪管理能力和表达沟通力。阅读让孩子见多识广，不会只困在自己的小牛角尖里，通过引人入胜的文字，孩子有机会“观看”不同人、事、物的心路历程，进而觉察自己与他人的情绪，更细致地表达自己的想法和情绪。

展开亲子共读的美好旅程

既然阅读有这么多的好处，那么爸妈应该怎么培养孩子的阅读力呢？与其说培养孩子的阅读力，倒不如大手牵小手，一起展开阅读的美好旅程。不论是亲子共读，或是亲和子各看各的书，都会成为孩子未来回味不已的美好回忆。以下是爸妈可以遵循的几个重点。

从小培养阅读习惯

根据英国Book Start协会的看法，从孩子6个月开始，就可以开始亲子共读。研究也显示，有早期阅读经验的孩子，语言能力和逻辑思考力比较好。从小开始阅读，就能在孩子接触其他更刺激的声光娱乐前，先养成阅读的好习惯。

以孩子为本位

根据孩子的身心发展情况，提供适龄的书籍，比方说给小小孩提供和生活经验有关的书籍，可以帮助孩子积累生活经验，获得对世界更全面的了解；依照孩子的兴趣，为孩子选书，比方说当孩子看过《海底总动员》绘本后，给孩子提供相关的百科全书，让他从中满足好奇心，并能搜寻更多知识。

营造良好的阅读环境

良好的阅读环境，能帮助孩子感受到爸妈对阅读的重视，也能诱发孩子对阅读的兴趣。环境包括“人、时、地”三项，其中“人”指的是爱看书的爸妈，常常手不释卷的爸妈，最能让孩子体会到阅读时油然而生的快乐，进而追随爸妈的脚步；“时”指的是阅读的时间，将阅读安排在家庭的作息中，不论是每晚睡前的共读时间，或是周末假日时到书店或图书馆阅读丰富的藏书，让孩子有更多的时间积累阅读的美好回忆；“地”是指家庭的居家摆设，如孩子专属的阅读角落、小书柜，上学后让孩子有专属的书房，都能让孩子更自在、不受限地和书籍交朋友。

Chapter5

是谁扼杀了孩子的创造力

人类进化史上，许多林林总总的发明与发现，就是创造力的具体表现。而心理学家也认为，孩子的创造力对其未来的发展具有极重要的作用，有好的创造力，将会使孩子得到更大的快乐和满足，为其性格的发展带来更多积极的影响。

导读

人类进化史上，许多林林总总的发明与发现，就是创造力的具体表现。而心理学家也认为，孩子的创造力对其未来的发展具有极重要的作用，有好的创造力，将会使孩子得到更大的快乐和满足，为其性格的发展带来更多积极的影响。

但孩子的创造力并不是先天的，而是后天环境的培养形成的。每个孩子都有与生俱来的创造力，只是有些家长可能会觉得这些是孩子的调皮捣蛋或恶作剧，哪有什么创造力？但如果父母细心观察一下，就会发现孩子身上某些表现是具有创造力的行为。

例如：孩子没见过的东西都要拿来把玩一番或拆解研究一下；喜欢问“为什么”；喜欢玩游戏等，都表示孩子正萌发无限创造潜力，千万不要任意地用“恐吓”来吓阻孩子，抹杀孩子的想象力和创造力。

为了让我们亲爱的宝贝能够维持与生俱来的好奇心，勇敢地探索这个世界，并在需要大人协助时，不害怕向自己的爸妈求助，别再用恐吓孩子的方法，让孩子心生害怕而却步，就事论事地、好好地和孩子讲清楚！那么，我们也能放心地放手，让孩子独自面对日新月异的世界，因为与生俱来的好奇心和探索力，将能成为他应对世界的最佳利器。

还有一点很重要，由于创造力也源于丰富的生活体验，所以建议多带孩子去看看外面的世界，通过生动的方式让孩子接触并学到各种知识，相信定能启发孩子更多的想象力和创造力。

21

孩子，静一静

曾经许多我们确信不已的事实，如地球是平的、太阳绕地球转、人没办法飞行……都被勇于挑战现实，相信自己有能力改变世界的人所改变。世界的变化，绝对超乎我们的想象，在这个变化无穷的世界中，一个勇敢自信、不害怕变化、不怕挫折的人，就能不断“进化”自己的能力，找到掌握世界的钥匙。

教养小故事

小威是活动力超强的孩子，就好像广告中那只电力超强的兔子，整天动个不停，不是忙着翻箱倒柜，就是在家中跑来跑去，不管爸妈怎么让他安静下来都没有用。还有，家中的大事小事，小威都很感兴趣，想尽办法要加入，却常常越帮越忙。小威的爸妈真希望有办法能让小威偶尔安静一下，好让自己喘口气。

人生来就有探索的勇气

随着网络时代的来临，“天涯若比邻”的地球村早已是我们习以为常的观念。然而，如果将时空往前推六百年，在航海大发现之前，只有少数人相信“地球是圆的”，哥伦布提出向西航行到东方的计划时，大部分的人都认为因为地球是扁的，船航行得太远，就会从地球的边缘掉下去，当时的审查委员还问他说：“即使地球是圆的，向西航行可以到达东方，回到出发港，那么有一段航行必然是从地球下面向上爬坡，帆船怎么能爬上来呢？”这个问题，当时哥伦布也没办法回答；但是，他终究还是成功获得西班牙王室的赞助，成了发现新大陆的人，于1492年开启了航海时代。

虽然，所有的人都肯定勇气的重要性，但是仔细思量，在亲子教养中，我们到底花了多少力气，来鼓舞孩子的勇气呢？

俗话说："初生牛犊不怕虎。"可见小孩是充满勇气的，而这样的生之勇气，在小小孩身上，常常也很容易看到。小婴儿翻身、小小孩的爬行，还有走路，一次又一次的尝试、一次又一次的失败，都不会让孩子放弃努力，而后也终于成功超越自己的"不会"。所以"我会""我自己来做"是多么令人感动的一种气魄！如果这样的气魄可以一直维持到长大成人，相信孩子不论遇到多么棘手的困难，都可以迎刃而解。

但是，你记得你的孩子是什么时候开始说"我不会，你帮我"的吗？是不是就在他还不会的时候，心急的我们舍不得孩子辛苦、舍不得孩子受挫，于是就说："你还不会，妈妈（或爸爸）来弄！"然后就阻断了孩子的探索呢？

"乖"让孩子"自废武功"

又或许是爸妈太过担心孩子的安危、没有时间帮孩子收拾善后，于是就用"不行"来阻挡孩子的探索呢？

传统认定的"乖孩子"，不外乎是：安静坐着、不要乱动、保持干净……这些基本要求，对一个发展中的小小孩来说，简直是强人所难。对小小孩来说，他们必须用全身的感官来和世界建立关系，他们和世界建立关系的方式是实际体验，用眼睛来看、用手来触摸，甚至要放进口里尝一尝，才真的能够了解"这是什么"。遇到开心的事、难过的事，都要手舞足蹈，好好表现出自己的观点来。

不让孩子动，简直像切断他们和世界接触的"触手"，妨碍孩子和世界建立关系，阻碍孩子探索的步伐。一位拥有丰富幼儿教育经验的专家说过："其实孩子的天性就是爱玩儿、爱探索，你一直限制他，时间久了他就不知道该做什么，于是便傻傻地等在那里。”

她发现有些孩子真的很乖，但是久了就会发现，当你要让他做选择或决定时，他没办法做，因为他已经习惯在那里等。等什么呢？等着大人来下指令，告诉他下一步该怎么做。

数年前，种子亲子实验学苑的创办人出版了名为《乖孩子的伤，最重！》一书，提醒爸妈乖孩子常常得付出自信和自尊的代价来讨好成人。为了让大人觉得自己乖，孩子只好“自废武功”，将自己探索世界的心智和触手捆绑起来，才能呆呆地等大人下指令！

但是，这不代表调皮的孩子心里就没有伤。其实，大人觉得很吵、很爱闹、比较皮的孩子，才是小孩的原来样貌。因为孩子就是通过语言和手去探索、学习这个世界到底发生了什么事情，对孩子来说，乖乖坐着几乎是不太可能的事情。

因为不能乖乖坐着，因为充满对世界探索的渴望，不愿意“自废武功”的孩子，往往也会和周遭的大人有更多的冲突发生。而当大人和小孩的冲突展开时，孩子往往会被不断贴上负面的标签，自信心不断被打击，最终孩子不是放弃妥协，就是抱着“反正我就是不乖”的心态，决心和爸妈唱反调到底。

恐吓孩子，往往会适得其反

因为抱着“乖孩子”的期待，大人往往在孩子展开探索旅程时，比方说：打开抽屉，看看里面有什么；发现东西原来会往下掉，而将东西一扔再扔；在百货公司用跑来跑去的方式感受空间的无比宽敞……觉得孩子“不乖”，所以严词要求孩子乖一点儿。常见的恐吓型句法，如：“你再不乖，警察就会来抓你哦！”“我数到三，你再不停止，我就要生气了！”“不听话的小孩，妖怪最喜欢了！”……就成为大人对付小孩子的最佳利器。

相信有些大人会觉得这一招很管用，尤其是对于小小孩来说，用不着大费唇舌讲些大道理给孩子听，只要说“警察来了”马上见效，但是阻止孩子的是恐惧，而不是因为孩子了解到“我这样做不可以”，虽然可以让孩子停止大人眼中的不当行为，却没有达到教育孩子的目的。

常被威胁与恐吓对待的孩子，只会处于莫名的惶恐中，由于无法从恐吓中学会思考与判断什么行为才是正确的，自然也无法放心地尝试和世界建立关系，自然也会对孩子的人格塑造形成不良的影响，让孩子变得胆小、怕事，严重的话，甚至会造成身体上的伤害，如造成内分泌失调，或是消化系统的疾病。因此，千万不要用恐吓法来教孩子，否则只会适得其反。

就事论事，让孩子学会判断与理解

但是，为人父母的也不可能因为怕损害孩子的探索勇气，就什么也不管，放任孩子爱做什么就做什么，这样的做法，对孩子来说，绝对不是个好方法。

身为一个心智还在发展中的个体，孩子是在一点一滴地探究这个世界，在这个过程中，爸妈有责任告诉孩子什么事可以做，什么事不可以做，协助孩子判断什么该做、什么不该做，正向地处理事情。

教育专家给家有“小小探险家”的爸妈的建议是，先放下“孩子总是给我找麻烦”的成见，接受孩子本来就是这样，自然就比较不容易火冒三丈，再来谈谈接下来该怎么处理。

处理孩子的问题，不是一味地告诉孩子不行，或是恐吓孩子说：“好好跟你说，你听不懂，一定要人修理你吗？”“再玩火，警察就会把你抓走。”这样只会让孩子产生莫名的恐惧，可是爸妈最希望孩子明白的道理，却全然没学到。

处理孩子的问题时，大人应该先问孩子：“你为什么想玩这个？”然后再用孩子能够理解的话，慢慢跟孩子说：“我不喜欢你做……”比方说，当孩子玩火的时候，你可以对孩子说：“我不喜欢你玩火柴，因为你可能会把房子烧掉。”让孩子知道他是为了什么原因，做了不正确的事，可能会造成什么后果。

说完之后，还可以问问孩子：“你听懂了吗？有没有问题想问？”……通过这样的过程，让孩子学会怎么判断是否有危险，将来才能够举一反三，做出保护自身安全的正确行为。

除此之外，如果在家里，爸妈老是觉得孩子这也不行、那也不行，这时爸妈就应该重新考虑，你们家的设计是否符合孩子的需求呢？

除了要给孩子适龄的玩具，更要为孩子打造安全适宜的居家环境。当环境变得安全，减少孩子发生危险的环境因素，爸妈就不会因为紧张、不放心，老是觉得孩子爱制造麻烦，自然可以大幅度减少亲子间的冲突。

22

乖乖坐着就好

孩子们最爱的下课游戏，就是呼朋引伴，在操场上跑来跑去，而且永远玩儿不腻，班主任常常笑他们："你们精力太旺盛了！"然而，老师或许没有觉察到，这样的游戏行为，说不定正是宅世代[1]孩子的一种无意识反扑行动呢！当宅男与宅女的名称已成为常用名词时，赫然发现，原来我们早就处于这样的生活状态。

1 宅世代：多为40岁以下、受互联网熏陶的新一代。

教养小故事

小姿是爸妈心目中的乖小孩，从小当别的孩子老是静不下来，出门玩儿总是弄得全身脏兮兮才回来的时候，小姿总像童话故事中的优雅公主一样，干净又整齐。但是，等到小姿上小学以后，爸妈发现小姿常常容易累，作业写到一半，便开始字迹潦草；出门玩儿的时候，走到半路就想回家……小姿的体力极弱，让爸妈感到有点儿忧心，学习和人生的路还这么长，总不能走到半路就停下来休息吧？

宅，让小孩连自己的身体都不认识

不是宅在家，就是宅在公司，连通勤时也都是坐车，普遍运动不足影响着现代人的健康状况，主要病因已由过去的传染疾病，转为与生活状态关系密切的慢性疾病和身体机能退化性疾病，如心血管疾病、糖尿病、肥胖、下背痛、骨质疏松，甚至某些癌症，都与缺乏运动有关！日本知名的国宝级医师日野原重明，花了十几年倡导，终于让慢性病更名为“生活习惯病”，用以提醒一般民众留意自己的生活状态。

不只大人如此，连孩子也无法幸免。台湾地区幼儿及儿童静态活动的调查研究显示，3～12岁的孩子，每日花近3小时看电视、看DVD、看书、打电子游戏等，假日甚至可达5小时，加上孩子在校上课多半也是安静地坐在教室里，我们的下一代每天花三分之二以上的时间，不是坐着就是躺着。这些乖乖坐着不动的孩子，付出了什么样的代价呢？

媒体大肆报道肥胖儿、高龄慢性病（高血压和糖尿病）越来越年轻化，越来越多的孩子因为不良的生活状态，付出健康的代价。更让人担心的是，处于身心还在发展中的孩子，多数从事静态活动，少有动态活动的“发展偏食”，是否会影响孩子的心理发展呢？

以小小孩为例，他从认识自我的身体开始，发现“这是手”“手可以这样动”，然后，开始建立对自我的了解，学习掌握自我，获得自信，下一步才是和世界建立关系。

但如果孩子对自己的身体很陌生，除了坐着以外，身体可以跳多高、跑得多快、能有多大能耐等，通通没有机会体验的话，自然无法掌握自己的身体，无法自信地面对外在的世界，对于陌生的环境和情境，也会抱持着少碰为妙的心理，更别提探索世界的勇气了！

运动，也能为亲子关系增温

为了唤醒大家对“动身体”的自觉，成立至今已经超过10年的云门舞集舞蹈教室创办人林怀民老师认为“身体是个小宇宙”，动身体是一辈子的事情，身体是了解自己、探索世界的最重要媒介。想要给孩子探索世界的勇气，不妨就从全家一起建立运动习惯开始。

各种研究也不断指出运动的各种好处：运动帮助成长中的幼儿促进大脑整合；运动帮助人体新陈代谢，排除不良因子，吸收营养，还能促进孩子的骨骼生长，让孩子成长得更好；运动能加速血液循环，传送更多的血红素到脑中，提高孩子的学习效率；运动也能让孩子疏解压力，让脑部分泌快乐激素，让孩子感到放松、愉快。

但是真正行动起来的家庭并不多，根据《康健杂志》做过的一项“儿童身心健康及家长教养态度大调查”显示，有四分之一以上的家庭每周几乎不会带孩子去运动，而每周运动三次以上的家庭只占了7.6%。

为什么孩子运动这么难呢？很明显地，和大人没有运动习惯有关，云门舞集舞蹈教室曾针对20岁以上民众所做的“身体白皮书”调查报告中，显示有四分之一的受访者近一个月内都没有运动！

大家都知道运动很好，但似乎缺乏身体力行的动力。但是，为了家里小宝贝的身心健康，爸妈应该有更大驱动力，来建立一个“好动”的健康家庭。好消息是，运动其实一点儿也不困难，你不需要有国手级的水平才能陪孩子运动。孩子小一点儿的时候，陪孩子散步，或到游乐场玩儿；等孩子大一点儿后，亲子还能培养共同的运动喜好，如游泳、跑步、骑单车、跳绳等。这些都不用花很多的时间，只要在吃完晚饭后，抽出半小时的时间，就能让坐了一整天的大人、小孩伸展肢体，疏解积累一整天的压力；在时间较宽裕的周末假日期间，还可以走远一些，安排绿色亲子游，让被关在“水泥丛林”中的大人和小孩，可以在自然的怀抱中喘口气！

做这些平常的活动，就能提升孩子的心肺耐力，调整不当生活状态，减少孩子健康与体能上的伤害。例如，骑脚踏车能提升孩子的腿部肌力、身体的平衡和手眼脚的协调能力；跳绳可以牵动肌肉和韧带，刺激软骨生长；就连最最家常的散步，也被“医学之父”希波克拉底称为“人类最好的医药”，已有许多研究证实，有规律的健走计划，可增进身体所有部位的健康，例如脑部、背部、骨骼、心脏与肠胃。

更重要的是，当爸妈陪着孩子一起学骑车、跳绳等各种运动，陪着孩子从不会到会，挑战自己的极限，不只是身体能力与运动技巧会有所成长，更能建立亲子之间“一起面对困难、共同成长”的默契，增进亲子的感情与信任感。而一起运动时，所积累的快乐回忆，更能成为孩子成长路上源源不绝的成长动力。

户外探险，让烦恼也变渺小

由于“宅在家”对孩子的身心发展都不好，美国众议院于2008年通过一项名为“没有小孩被留在室内”（No Child Left Inside Act）的法案，联邦政府拨款协助美国儿童户外探索教育，并提高学童们的环保知识水平。这样的法案，很明显地力图同时解决两个议题：教养出身心更健康的下一代；建立孩子与自然的联结，进而成为环境保护的种子。

在这里，先来谈谈户外探险提供给孩子的种种好处。有人说：“大自然就是最好的老师。”在大自然中，当孩子远离声光设备，远离舒服的桌椅，也就能摆脱坐式生活方式，通过爬山、健行、露营、野外探险，让全身的肌肉自然获得锻炼。

丰富的大自然，为孩子提供了全方位的五感体验，尤其是从小生长在“水泥格子”中的孩子，一旦置身于开阔的自然中，感觉就是不一样。户外的光线、声音、气味、景象，诱使孩子打开全身的感官，去看、去听、去摸、去闻、去探索，开启孩子全新的感官体验。

大自然的各种奇妙景象、开阔的空间，不论是一望无际的远山，或是海天相连的海景，都能让孩子感受到造物的神奇，体会到自我的渺小，更别说是渺小的“我的烦恼”了！

当孩子因为不熟悉的触感、事物而感到害怕时，或碰到无法克服的困难时，爸妈的陪伴与安全的保证，将使孩子愿意踏出尝试的脚步。爸妈的耐心等候，陪着孩子从害怕到面对，这种丰富的成长经验，将能让你的孩子学着面对困难、解决问题，建立迎接挑战和滋长出探索未知的勇气以及能力。

23

除了玩儿，你还会什么

“不要玩儿了，赶快去念书。”“整天除了玩儿，还会做什么？”……从小到大，这样的话语，不知道从大人口中说了多少遍，让每个孩子在心中暗暗立下誓言：“等我长大，没有人管我的时候，一定要玩儿个痛快！”然后，随着我们一天天长大，有一天也为人父母以后，一不小心也脱口而出：“不要再玩儿了！”

教养小故事

小正很爱上学，因为上学时有很多朋友陪自己玩儿，比在家里有趣多了。小正是同学间的游戏高手，任何游戏只要有小正参加就会变得超好玩儿，不知道该玩什么的时候，问小正总会有答案，就连去公园的时候，小正也可以跟素不相识的孩子玩儿得兴高采烈。放学后的时间，也不例外，常常是和同学玩儿到超过了晚餐时间才回家。这让爸妈有点儿担心："这孩子整天只知道玩儿，长大以后会怎么样呢？"

游戏，是孩子应享的权利

你知道吗，孩子的游戏权，可是于法有据的呢！联合国《儿童权利公约》第三十一条，就说明了儿童有权享有休息和闲暇、从事与儿童年龄相宜的游戏和娱乐活动，以及自由参加文化生活和艺术活动的权利。

知名的儿童认知心理学家皮亚杰也深信："儿童的思想（智能）是来自行为（动作、操作），而非语言。"对孩子来说，体验是他们对待世界更为普遍的一种方式，通过游戏，孩子得以尽情掌控自己与世界的关系，探索各种事物，进而扩展自己的认知能力。

除了心智上的发展，有着多年游戏治疗经验，教导游戏治疗的梁培勇教授，在《游戏治疗的理论与实务》一书中分析了游戏对孩子的重要功能。通过游戏，孩子各方面能力也获得提升，如跳格子，可以促进全身肌肉的协调能力；和同伴共玩，就要练习等待、轮流、想办法处理伙伴冲突，促进孩子社交能力的发展。

但是，梁培勇教授也认为，由于社会结构的改变、生活方式的改变、少子化的影响，加上游戏形态的改变（电视普及与电动玩具的兴起），使得这一代孩子的游戏机会变少，间接也造成一些儿童的问题。

幸好，近年来有越来越多的人发现玩耍对孩子的重要性，更有许多国家的教育团体大声疾呼，替孩子伸张痛快玩耍的特权。

玩出孩子的大能力

玩儿真的对孩子有这么多好处吗？一位专家认为，孩子玩儿的时候，等于正在开发很多将来需要的能力。通过游戏，让孩子实际操作与体验得到的知识，才是孩子带得走的能力。

比方说，“对称”和“平衡”是很难理解的概念，但是孩子玩积木的时候，很容易就会把积木摆成对称与平衡的样子；当孩子在玩乐高时，会尽情发挥想象力，将乐高组成飞机、车子、变形金刚等，就需要有数学概念，知道让凹面和凸面组合在一起，要怎么组才会组成自己想要的形状，如果要造飞机，就需要两个机翼来保持平衡。

做美劳时，孩子通过绘画，抒发自己的情感，表达出自己对这个世界的观察；同时孩子也进一步使用各种工具，发现不同的笔可以画出不同质感的线条；剪刀该怎么拿才会剪得好；胶水涂多少才合适……通过种种探索，不但促进了孩子的小肌肉能力，同时也积累出他未来使用工具的能力。

在沙坑玩儿时，运用简单的水桶和铲子，孩子认真地筑沙堡、挖洞，思考沙和水的比例要怎么拿捏、用什么方法挖沙比较省事、沙堡坍了怎么重新开始……这些对空间概念、物理能力与耐挫能力的发展，都有很大的帮助。

当孩子和同伴共玩的时候，大家决定玩什么游戏，游戏规则要怎么订立，如果某人不想玩这个游戏或有人不遵守游戏规则时，要怎么处理纷争……这些都能促进孩子的表达和思考能力，增进孩子的社交技巧。

协助孩子以自己的方式玩儿

既然玩儿对孩子这么重要，爸妈又该怎么协助孩子好好地玩儿出能力呢?

由于每个孩子天生的气质都不一样，自然也会有不一样的喜好，教育专家建议从孩子喜欢的开始玩儿起，不要急着领导孩子应该玩什么，而要以孩子为中心，陪孩子玩儿，然后在需要的时候，帮助孩子通过游戏扩展出能力来。

当孩子爱玩家家酒时，不妨放下生活琐事，重拾童心和孩子一起沉浸在扮演的世界中，当孩子学着妈妈上街买东西，或是医生替小病人看病时，你会很惊讶地发现，原来孩子的观察力、记忆力、表达能力等都很棒!

游戏应该是有趣、没压力的，所以爸妈不要得失心太重，而强迫孩子玩那些你自认为更有帮助的玩具，比方说，当许多幼儿专家都认为积木是很好的益智玩具时，不要一头热地急着要让孩子照着某种方式玩积木，不妨用有技巧、渐进的方式，让孩子和积木有个好的开始；当孩子喜欢火车时，就可以引导他先用积木铺设轨道；喜欢玩家家酒的孩子，可以给他一些小人偶和盖房子的积木等。

此外，玩任何游戏，孩子都有一定的发展过程，建议你先让孩子自由地玩儿一阵子，观察孩子是否需要协助，再提供建议。比方说，其实玩积木也有它的发展阶段，一开始是平铺的，再来才是叠高，才会有立体的东西出现。

不要期待孩子一开始就玩儿得很好，平叠和往上叠本来就是两个不同的基础，有的孩子玩积木比较少，就不知道盖桥时要架好两个支柱，再盖一个横梁，比较容易成功。可以观察几次以后，再问问孩子："要不要试试其他方法，看看会不会比较好？"不要在一开始，就要求孩子照着你自己指定的步骤和做法来做，破坏孩子玩的兴趣。

优质玩具，兼顾趣味性和创造性

提到玩儿，肯定要提到玩具。对于玩具，相信各位爸妈一定都抱着又爱又恨的心情，虽然说为了心爱的小宝贝，花再多钱也值得。但是，哪一个有孩子的家庭，不是充斥着各式各样的玩具，而且就像"衣橱里的衣服总是少一件"，世上也绝对没有哪个孩子觉得自己的玩具够多，孩子总会想要得到新玩具。

基于经济能力、居家空间有限与环保的三大前提，相信所有的爸妈都想替孩子买花钱少却玩儿得久的玩具。

简单来说，设计好的玩具，应该有趣味性，能引发孩子用不同方式来探索与把玩，如球可以变化出各种玩法来，而不是按个钮就玩完了的玩具。符合孩子发展的好玩具，自然能吸引孩子的操作，促进孩子的能力，比方说敲打玩具台，孩子会摸索敲打的位置、尝试不同的力道……对孩子来说，能自己操作把玩的玩具，不仅特别好玩儿，还可以帮助大小肌肉、手眼协调、灵巧度和平衡感等能力的发展。

玩具还应该有创造性。创造性的最高指导原则是“越不限定玩法的玩具，越能引发孩子的想象空间，使孩子百玩儿不厌”。如积木、乐高、家家酒玩具等都能够成为孩子的游戏良伴，随着孩子奔放的想象力，延伸出各种独一无二的玩法来。

孩子受到动画和广告的影响，常常会想要买昂贵的声光玩具。但是坊间各种追随卡通与潮流而生的声光玩具，往往由于精密度高，特定性也高，一个按钮一个动作，操作的趣味性和想象力都有限，孩子很容易就会玩厌，加上这类声光玩具常常对孩子的发展有不良影响，让孩子习惯于“快闪”，觉得什么都无聊，注意力也不能集中，在购买前务必要审慎考虑。

有了玩具，更要替孩子找玩伴

最后，别忘了替孩子找玩伴。虽然，由于少子化与生活方式的改变，这一代的孩子无可避免地欠缺和同伴共玩的机会，因此也较少有机会从共玩中锻炼与人互动的社交能力。但是，只要爸妈能觉察到这个问题，积极采取行动，孩子还是可以从游戏中提高这部分的能力。

建议你可以从自己熟悉的亲朋好友着手，或是参加近年来坊间很热门的亲子共学课程，结识契合的亲子档，刻意与有年龄相近孩子的家庭一起出游，或是互邀到彼此家中做客，让孩子有机会和别人一起玩儿，就算是吵架也好，都是孩子成长过程中必要的养分哦！

24

不要再问“为什么”了

俗话说：“太阳底下没有新鲜事。”等到生了小孩以后，爸妈就发现这句话完全可以反过来用，变成“太阳底下通通是新鲜事”。在小小孩的眼中，再怎么寻常的事物，都让他们看得津津有味，充满好奇，不断地发出惊叹与疑问。

教养小故事

“为什么小鸟会飞呢？”“因为小鸟有翅膀啊！”“那如果我有翅膀，是不是就能飞呢？”……每天在文文的家中，爸妈都被文文问许多问题，爸妈一方面不堪其扰，另一方面又常常不知道怎么回答，往往耐着性子回答前三题之后，就说：“好了，别再问‘为什么’，等你长大以后就知道了。”可是心里又有点儿不放心，这样会不会对孩子的发展造成伤害呢?

为什么启动学习的动力

孩子正是通过好奇“那是什么”，追问“为什么这样”之后，一点一滴加深他对世界的了解。好奇心是一种本能，驱使孩子进一步了解世界的运作，获得新的知识，更是未来求学过程中，追求学问的重要动机和动力。

爸妈只要能替孩子保留这样的本能，孩子未来的学习效果一定能够事半功倍。因为强烈的好奇心，会引发孩子的学习兴趣，产生进一步了解的动机，进而从学习之中体验到快乐以及成就感，养成热爱学习、主动学习的习惯。

但是，爸妈面对一连串“为什么”的攻势时，常常会因为正在忙其他的事，或是自己也弄不懂问题的答案，而不得不用三言两语草草地打发孩子，甚至会说：“有什么好问的？就是这样啊！”无法满足孩子的好奇心，孩子慢慢地就丧失了问“为什么”的兴趣。

不单单是家庭教育，学校的教育也多半不会鼓励孩子的好奇心发展，过分强调背诵、记忆能力的课程，要求孩子把标准答案背下来，比方说，教孩子乘法口诀表、月亮的盈亏变化或是注音符号时，大部分老师都没有告诉孩子为什么会是这样，只要求孩子背下来就好，这样掐头去尾的教育结果，往往扼杀了孩子的好奇心。

协助孩子保持与生俱来的好奇心

既然由好奇心引发的探索力，是孩子学习时的最佳动力，那么，爸妈该如何维持孩子与生俱来的好奇心呢？建议你可以从下列几个方面着手。

给孩子创造丰富有趣的环境

明察秋毫的观察力，是好奇心的“前哨站”，通过对事物细节的观察，孩子的好奇心与探究力自然会源源不绝。爸妈应该给孩子提供丰富的成长环境，满足孩子的好奇心，比方说居家的布置，不妨每季更换，还可以给孩子安排专属的角落，配合孩子的兴趣，提供玩具、书籍、海报等；在日常生活中，爸妈也可以随时展现自己的观察力，和孩子分享自己的观察，比方说：“你看！那里有辆车这样挖马路，旁边那辆怪怪的车，也是挖地的吗？”

鼓励孩子发问与怀疑

当孩子问“为什么”的时候，爸妈应该肯定孩子的发问，并且试着通过对话，来引导孩子思考，先不要忙着给孩子答案，多用开放式的问句，如：“你觉得呢？”或选择性的问法：“如果是你，你会怎么办？”一起天马行空地猜想。举一个常见的例子来说，当孩子发现冰饮料的外侧都会“流汗”时，他可能会猜“会不会是因为杯子有洞”？你就可以引导孩子观察水蒸气的变化。

大胆假设，小心求证本来就是求知的正常顺序，通过这样的经验所获得的答案，不但会让孩子印象深刻，更能启发孩子的思考力和判断力。

教孩子找答案的方法

面对孩子千奇百怪的问题，爸妈可能知道答案，也很有可能不知道答案，不要害怕让孩子知道我们的“无知”，带着孩子一起思考可能的答案，再介绍可用的渠道，和孩子一起寻找答案，比方说上网搜寻资料、带孩子到图书馆查资料，或是参观博物馆，都是很好的身教，示范“好奇→追问→解惑”的正面价值与意义。

面对充满好奇的孩子，一位教育专家经常和家长分享图画书的妙用。当孩子在拓展他自己以外的世界时，自然会产生很多好奇，如“我从哪里来”“人为什么会死”等。针对这样的问题，很适合通过相关主题的绘本，利用这些书籍中贴近孩子生活经验的语言，增进孩子的生活常识和知识，并引发孩子进一步思考和讨论。

有时，当孩子一再问你“为什么”时，有可能是无法理解你的说法，或是已经懂了，但是还想再确认一下。针对前一种情况，各位爸妈就要花点儿心思想想看，能不能换个说法，用更贴近孩子的经验来解释；如果只是想确认答案的话，你甚至可以反问孩子：“你觉得这是为什么呢？”听听孩子的说法，“验收”孩子理解的内容是什么。

另一种“为什么”的应对法

除了对世间万物的好奇所引发的“为什么”，还有一种“为什么”也是爸妈常常会遇到的。比方说，当孩子想在饭前吃饼干时，他会问“为什么不行呢？”或是，在一大早赶着出门时，问你：“为什么我要上学？为什么不能待在家里？”……

这种涉及规范的问题，当孩子重复问着“为什么”的时候，他要的不是一个未知的答案，而是由于这个答案和他的需求冲突，他想试试看能不能通过问题，来改变爸妈的决定，针对这方面的“为什么”，爸妈的应对法也应该有所不同。

美国纽约“父母辅导工作坊”的创办人和执行长南希·萨姆琳（Nancy Samalin）称孩子的这种行为叫“砂纸技巧”，描述孩子一问再问，直到爸妈的耐心全部磨掉。当爸妈的解释令孩子无法接受时，花越多时间解释的爸妈，越容易生气。

面对耐心全被磨光的爸妈，教育专家总会这样提醒爸妈，“孩子不是故意漠视你的解释，更不是存心唱反调”，而是因为孩子需要更多的时间来理解。爸妈要尽量讲清楚“为什么要如此”的理由，相信孩子基于了解和对你的在乎，会纳入他的考虑范围。与此同时，你还要更有耐心一点儿。

对身心还不够成熟的孩子来说，他一定会从自己的感觉出发，等自己的感觉被照顾好了，才有办法理解别人的感觉和事情的道理，比方说，当你跟孩子说：“吃饭前不能吃糖果！”孩子虽然听到了“不能”，但是“很想吃”的心情，会让孩子再试试看有没有可能得逞，爸妈要有雅量接受孩子暂时的做不到。

当孩子处于这样的情绪时，孩子和大人多半也没办法心平气和地谈“为什么”了。建议爸妈千万不要责备孩子说：“到底要我讲几次，你才听得懂啊？”请保持冷静、坚持立场，温和地再次重申自己的立场：“我知道你很想吃，但是现在还不可以吃糖，你要不要帮我准备晚餐的餐具，这样我们可以快点儿开动，等吃完饭你就可以吃糖了！”将焦点从“为什么不可以”转移到更有建设性的“怎么可以快点儿吃到糖”，这样的说法，你的孩子也更容易接受。

25

重用3C[1]保姆

有一项关于儿童媒体使用行为研究的调查结果显示：小学儿童每天不到4小时的闲暇时间里，有3小时花在媒体上，包括打电话的时间平均为9分钟；上网约47分钟，打游戏约49分钟，看电视约70分钟，但看书的时间则只有不到6分钟。这也间接造成孩子不知道怎么玩儿、没有时间玩儿，使这一代的孩子从主动的探索者，变成了被动的接收者。

1 3C：是指计算机（Computer）、通信（Communication）和消费类电子产品（Consumer Electronics）三者结合，亦称“信息家电”。

教养小故事

亮亮是小小“电视迷”，从小只要有人打开电视，亮亮就会坐在电视前看得目不转睛，不管是动画也好、综艺节目也好，样样来者不拒。亮亮的妈妈忙着做家事、煮饭时，就打开电视让亮亮看，妈妈省事，小孩开心，一举两得。但是，最近亮亮的妈妈听说看电视会影响孩子的发展，担心自己会不会造成无可挽回的错误呢？

电视关机，脑袋“开机”

著名的脑科学专家洪兰博士，家里就没有电视。专攻认知神经学的她，深知电视快速跳跃的画面、闪烁的绚丽色彩容易“冻结”孩子的思考能力，所以宁愿把孩子带在身边看她做菜，也不想让电视陪孩子长大。

洪兰教授更提到，从实验中知道，如果两分钟内有十次以上剪接、忽远忽近的画面，你的大脑会“overload”（超载），甚至“过劳”。本来想放松才看电视，没想到越看越累，最后变成“电视迷”。如果以台湾地区儿童福利联盟提供的调查数字来算，如果不看电视，每周我们的孩子就能空出17.5小时来从事不同的娱乐活动，这17.5小时的时间如果用于亲子互动，比如说可以用来亲子共读、亲子共同DIY、亲子运动等，这样能大大提升亲子关系的质量。

根据以往的调查研究发现，电视儿童不仅易产生近视、肥胖、心脏病、注意力不集中等问题，长大后出现药物滥用、未婚怀孕、暴力犯罪的风险也会增加，也有人指出看电视的孩子容易变坏是因为受到电视节目的影响。而且常看电视的孩子也会因为视听的享受，降低对大脑前额叶的刺激，导致情绪控制力不佳，形成过动的症状。

但在现在这个社会，哪个孩子不看电视呢？对孩子来说，看电视除了产生视听享受的快感，也增加了和同学之间的话题，你可以禁止自己的孩子看电视，却无法禁止别人的孩子看电视。孩子也会好奇，为什么他们都看过那些电视节目，而自己却没有，和同学之间少了共同话题。

虽然对于大人来说，我们可以自由选择自己想看的节目，但对于儿童或青少年来说，他们可能就不知道要怎么去做选择，又或者他们觉得好看的，大人觉得不健康；大人觉得内容健康的，孩子们却觉得没有意思。

这就像挑食的孩子一样，只是对于电视节目，变成大人要花心思替孩子筛选，更需要引导孩子怎么选择节目的态度，而不是一味地禁止或放纵。

当孩子看电视的时候，大人也可以在旁边陪着看，和孩子讨论动画的情节，和孩子讨论新闻的内容，趁机进行机会教育，同时也可以了解孩子对某些主题的看法，若有特别偏差的，可以及时矫正，如果孩子有特别有趣的看法，还可以鼓励孩子勇于表达及独立思考，对于内容真的乏善可陈的节目，也可以和孩子协调是不是可以换台，换成别的节目。

让电视成为正面的学习工具

有些学生家教非常严格，除了上学，其他时间的一举一动都在父母严格监控之下，上作文课的时候，问他周末做什么休闲活动，问答竟然是：“没有。连看电视也没有，妈妈不准看！”还说，“妈妈认为现在的新闻也没什么好看的”。

家长的用心良苦能了解，但是这样的孩子想象力和创造力很弱，像现在作文题型那么灵活，时不时就要你运用想象力来“创造”一篇文章，他明明没有在郊外散步的经验，却要他写出在青山绿水中嬉游的悠闲和快乐，所以每次要写和大自然或想象的故事经过，他写出来的文字都很生硬，描述也很模糊，读他的文章时，就像是在看一张失焦的照片一样。这些至少还可以借由媒体的报道或电视节目的演出来获得。

小说、漫画、电视、电影都可激发人类无限的想象力，就像《从地球到月球》（儒勒·凡尔纳，法国，1866年），是全世界第一本讲述人类登陆月球的小说，美国太空总署则到20世纪60年代才发表登月计划，1969年“阿波罗11号”才终于带着阿姆斯特朗登上月球。虽然科技的发展影响因素不仅要靠想象来完成，但在1866年以前，有谁认真地谈论过登上月球的事情呢？

看电视的孩子会不会变坏？答案是：不一定。只要家长偶尔假日休闲时陪孩子一起看电视，交流一下对于电视节目的看法，了解孩子喜欢的节目类型，引导他们用正面的方式和角度去看待这些节目，孩子就会依照自己的需求和兴趣选择好的节目，其实不需要太过担心。

过早玩计算机小心变成“电玩脑”

根据台湾地区青少年休闲生活调查显示，最常从事的活动第一位为上网或打游戏，其次是看电视、逛街、听广播或听音乐、运动等，从事运动的比例明显下降，有研究显示，过度沉迷于打游戏，不管是在线游戏或电视游戏机等，大脑的结构将变成“电玩脑”（Game Brain），而电玩脑的脑波状态与老年痴呆症相似。电玩脑的人不容易控制自己的情绪，具攻击性、注意力不集中、行为散漫、过一天算一天、做事无精打采。

我的孩子是否有“电玩脑”

如何判断孩子是否具有“电玩脑”呢？先看看你的孩子是否具有下列特征：

◎非常努力学习，考试结果却没有进步。

◎理解力不够，经常陷入鸡同鸭讲的困境。

◎记忆力差，学过的东西老是记不住。

◎懒散、不积极、总是无法按时完成作业。

◎有过于好动的倾向。

◎注意力不集中，性情过于急躁，影响学习效果。

◎情绪疏解能力不够，无法忍受挫折。

◎容易产生压力、紧张不安，难以控制攻击行为。

◎想象力、创造力不够，总是要别人提示下一步。

◎人际关系及环境的适应力差。

◎警觉性不够，反应老是慢一步。

◎失眠、睡眠不足，晚上老是睡不着。

上述状况是不是和过动症的现象很类似？是的，原因在于两者生理上的判断都在于大脑前额叶皮质区功能比一般人弱，以至于表现出来的行为相当类似。虽然没有研究报告明确地指出两者之间的关系，但我们也可以合理地推测，假如过早让孩子长时间接触电视与电子游戏，可能会引发后天性类似的过动症状。

小心别掉入自我满足的陷阱

现代的家长爱子心切，在孩子还很小的时候，就花大把大把的钱帮孩子买各种教学视频、计算机益智光盘和有声书，也为孩子挑选优质电视节目，却只是让孩子一个人看视频或节目，对于孩子来说，他只是看到影子在晃来晃去，也许耳濡目染之下会跟着嗯啊几句，父母就会觉得花很多钱购买这些教材是值得的，而掉入一种自我满足的陷阱。

但所谓对于计算机、电视的接触以及全脑开发课程，的确有时间点上控制的必要，因为这三者都容易使孩子在活动当中受到视觉、听觉的强烈刺激，这样孩子对于小学、初中的课程以文字为主的内容会产生很大的倦怠感。因为学校老师上课不太可能为孩子提供长时间的视听享受，孩子越接受这些刺激，越要给孩子提供阅读或下棋等类似静态的活动，以免将来适应不良。

家长们可能以为这些是益智光盘，是为了让孩子学习而购买的工具，有益于孩子，但是它们的制作和电子游戏比起来，对小孩子而言，都是一样的，效果也是相同的，而且认真地分析起来，教具光盘的互动模式还没有电子游戏强，同一道题目做四次就会知道答案了，电子游戏同一个关卡闯关的方式不同，还可能导致不同的结果，根据孩子游戏角色的不同，故事脚本多线发展，挑战性反而更大。

与其穷担心，不如加入孩子的行列

现实状况下，你的孩子可能已经长大，到了小学、初中、高中的时期，如果他有上述“电玩脑”的状况，该怎么来补救或引导呢？首先，绝对的禁止是无效的，何况现在的孩子太聪明，我就有学生特地等到三更半夜趁爸妈睡着以后，再偷偷溜到屋外的巷子口，和朋友一起聊天、抽烟和喝酒，爸妈浑然不知，如果只是溜到客厅玩计算机，爸妈也不会知道孩子根本还没睡。又或者爸妈干脆把计算机移到自己房间里，借此控制孩子玩计算机的时间，这也是治标不治本，孩子一样可以在学校上计算机课的时候上网玩游戏。甚至厉害一点儿的学生，为了想办法玩游戏，什么招数都使得出来，出乎大人的意料。

前阵子有则令人遗憾的新闻，一位15岁的学生因为妈妈把计算机锁起来不让他玩在线游戏而自杀了，伤心的妈妈还说：“以前锁过计算机都没事。”但是这位妈妈不知道，她的儿子在游戏的世界里是人人唯其马首是瞻的“团长”，对他来说，在线游戏几乎是他人生的全部，妈妈不知道没有计算机，他也活不下去了。

当然不是所有孩子都可能采取这么激烈的手段来“回报”父母对他的教育，但我们在不清楚状况之前贸然做出的决定总是危险的，也许有家长或老师会说：“不让他玩儿是为他好。”但这就像谈恋爱一样，你给的不见得是他要的，他要的你又给不了，那就没什么好谈的了。

有时候孩子需要更多更频繁的回馈和鼓励，通常人类的习惯可以经由反复的刺激和反应渐渐改变，而养成或改变一个习惯大约持续21次以上就可以看到效果，对于孩子的行为或活动，我们可以运用正面鼓励及负面削弱的方式，引导他们渐渐降低对于电子游戏的黏度，并且改变他们的习惯。

当孩子逐渐沉迷于电子游戏之中，我们要加强吸引他离开那个情境的因子，转换他进入情境的倾向，例如在玩游戏的时候，如果他愿意中断自己的游戏，协助完成家事或复习功课，我们可以赞美他：“谢谢你给我时间，也谢谢你在线的网友。”接着他可能还是会坐回计算机前玩游戏，但对于你原来的干涉与中断他的游戏，孩子所感受到的并不是负面的情绪。

利用正面鼓励、负面削弱的方式，反复协助沉迷于电子游戏的孩子重新建立正常的生活作息，随着渐渐远离电子游戏的画面和情境，加上父母和学校老师在作业及复习计划上的配合，孩子对于电子游戏的黏度会随时间推移而减轻，但要注意的是，原本借电子游戏释放的压力可能仍然存在孩子的心里。这时候我们就需要多和孩子聊天互动，了解孩子的生活作息，以开放、平等的态度和孩子讨论对事物的看法，也可以和他们讨论适当比例的游戏时间，例如：和孩子讨论游戏进度，甚至自己也下去玩玩看，研究如何在较有限的时间里，很快地完成游戏任务和升级，接着你会了解孩子有很多特殊的专长，尽管那可能和学校课程没有很大的关系。

引导孩子适当使用手机

日本中学生疯玩手机的情况，堪称亚洲之最。最近日本一项调查发现，越少使用手机的初中生，成绩越好；每天使用手机的学生，成绩差的比例则较高。

爸妈和老师到底该不该让孩子带手机到学校呢？这成了一个两难的问题。一方面家长希望能时常联络到孩子，也方便孩子联络家长；另一方面又怕手机强大的功能让孩子分心，甚至产生作弊或其他不守秩序的行为，这样实在让人在科技产品优势以及专心读书之间难以抉择。以日本社会情况来说，他们手机的使用十分普遍，对于日常生活来说非常重要，手机上网及电子支付功能已相当成熟，所以他们有很强烈的需要让学生携带手机到学校，甚至还有学校把手机的定位功能当成点名的方式之一。

手机的功能如此强大，只要我们能引导孩子养成妥善使用的态度，注意使用的方法、时间、场合，其实不需要担心手机会使孩子的学习表现变差，他自己有使用方法上的认知，家长和老师又何须顾虑呢?

此外，爸妈也应该指导孩子在公共场合使用手机的礼仪，这也是社会教育的一环。有一次作文课上，我和小学生讨论使用手机的礼仪，他们都了解现在有些人在使用手机时，时常影响到别人，如打电话时特别大声，或者看电影时不戴耳机，边走路边打游戏或发信息而和别人产生碰撞等，在平时要尽量杜绝这些行为。

孩子的世界和我们越来越不一样，我们可以在很多场合和话题中，趁机进行机会教育，手机的问题也是一样，当你开始限制他们时，就要协调把规则讲清楚，甚至你要比他们还懂手机，一味的限制让他们觉得莫名其妙，而不明所以的管制也让他们感到压抑，他们在很多事情上的疑问只是想要一个答案而已，当你展现出比他们更了解手机时，他们可能还会觉得你很酷。

Chapter6

头痛！难解的交友问题

美国著名的心理及人际关系学专家戴尔·卡耐基说过："一个人的成功15%是靠他的专业知识，85%则是依靠他的人际关系。"也就是说，父母若想要孩子在未来能够成功，那么如何协助孩子在人生的旅程中，获得这85%的得分就显得特别重要。

导读

随着少子化与小家庭结构普及化，孩子从小是爸妈心中的宝贝，自小也总以自我为中心，因此缺乏和群体相处的经验，直到开始上学，在学校和其他小朋友互动，才真正开始学习如何在群体中生活，也才开始理解，除了“我”之外，还有“你”“他”不同个体的存在，如何在群体之间和谐地发展人际关系，对孩子以及爸妈来说，都是需要学习的课题。

美国著名的心理及人际关系学专家戴尔·卡耐基说过：“一个人的成功15%是靠他的专业知识，85%则是依靠他的人际关系。”也就是说，父母若想要孩子在未来能够成功，那么如何协助孩子在人生的旅程中，获得这85%的得分就显得特别重要。

研究发现，缺乏交友能力的孩子，往往是不识相的孩子，他们弄不清楚什么时候做什么事，也不会察言观色，无法判断别人的想法，无法预测自己的行为会对别人造成什么影响，自然很难交到朋友。而如何能让自己的孩子不自作聪明，在孩子从小的亲子互动中就要开始注意。

亲子互动，是孩子最初也最重要的人际关系，孩子从亲子的互动中，学习如何表达自我情绪，面对需求不同的冲突时，学习解决问题与协调方法，然后带着这样的经验走出家门，在伙伴间继续琢磨自己的社交技巧。

所以平时爸妈除了要注意孩子的考试成绩和学习状况之外，更要注意孩子和同学、朋友之间的交往情形，才不会等到发现有状况时，惊觉问题很严重！

26

不喜欢输给别人

学业成绩优异的孩子不见得就真的没有需要父母担心的问题，甚至因为这些问题不是表现在成绩上而被忽略。一个孩子完整的人格是表现在各方面的，但我们是不是有时因为过于注重学业成绩，反而疏忽了孩子其他方面的问题？

教养小故事

从小怡君的成绩就名列前茅，但是对于班上的活动总是很冷漠，包括学校运动会的大队接力或者班级之间的体育竞赛活动等。由于怡君总是采取漠不关心的态度，所以渐渐地和同学们的交往就变得疏远，除了学校课业之外的事情，怡君从来也不会过问。有一次怡君回到家后抱着棉被痛哭，妈妈搞不清楚女儿到底是怎么回事？问了老师才知道，平日不太令她担心的乖女儿居然只是因为考了第二名而沮丧。

给自己压力也给别人压力

记得我初一下学期刚从南部转到台北县[1]的初中时傻傻的，不知道台北的学生们竞争多么激烈，第一次段考才刚结束，立刻有同学划好前十名的成绩排名表，随着老师发下段考考卷，发现我的成绩看起来还不错，就把我列入前十名里面，不小心我就“挤掉”了一个同学。

第二次段考时，我和第一名只差不到十分，所有的同学等着看我下一次是不是会“挤掉”第一名，连鸡排和奶茶都准备好了，只等着看好戏。不知道是不是有人对第一名的“常胜将军”说了什么，总之我老觉得她不太喜欢

1　台北县：现已更名为新北市，为中国台湾省下辖市。

跟我讲话。

第三次段考成绩出来了，接着要放暑假，学校只公布了学期总成绩，没有人知道段考成绩怎么样。升上初二第一次段考，我不小心比“常胜将军”多了一分，成了全班第一名，依然坐我后面的“常胜将军”，从此不再跟我说话了。

有一次上课时，我转头想向她借个橡皮擦，她看了我一眼，然后装作没听到，但是旁边和后面的同学跟她讲话她却听得到，就是不跟我说话，那段时间我老是觉得后脑勺阴风阵阵，背后怨气很深，大概也是心理作用的关系，我也不太敢和“常胜将军”说话了。

直到初二第二次段考，我把第一名“还给”她，她才主动和我说话。初二下学期有个班级被拆班了，分了两个好学生到我们班上，其中一个也不小心考了个第二名，“常胜将军”便立刻忧心忡忡地找我一起去补习，放学时居然还会拉我一起回家。

到了高中联考决胜负的关键时刻，我又不小心考到第一志愿，“常胜将军”则考到景美女中，从此我们再没见过面，同学会我到她就不到，从别人谈话的内容我听得出来她是刻意避开我，后来还是老师告诉我，她大学考到师大教育心理与辅导学系，辅修英文。

初中的时候，不管是学校老师或补习班老师都认为她会考上北一女中，每天看到她都这么说，她大概自己也以北一女中为目标。但是为什么她没考上？据说她那天身体不舒服，考试失常，不过我揣测的是，她心理压力太大，导致考试临场太过紧张，才会有失常的现象。

这位同学初中的时候因为成绩好，老师很重视她，表面上看起来人缘也不差，但似乎没有什么交心的朋友，在我陪她回家的那段时间，从没听她提起过。

类似这样的同学，到了高中又被我遇上了。高二时，班上有一位同学，每次考试都是第一名，大学考上台大法律系，但她同学会只到过一次，告诉我们她拿了书卷奖，书卷奖等于是台大全学年前三名才有可能得到的荣耀，得来不易，她倒是一副轻轻松松的样子。我记得在毕业纪念册里，同学们给她的封号是“叫我第一名”，高中时，她只有一次考了第二名。

虽然这两位同学早都已经与我失去了联系，但记忆中她们都是默默一个人，也不晓得该用“孤芳自赏”，还是要用“不食人间烟火”来形容。输掉一次考试，不代表输掉整个人生，芸芸众生实在没有办法体会她们为什么这么在意一次小小的段考成绩。有时电视上会出现学生因为压力过大而走极端的新闻，过了几天后这些新闻似乎便“烟过了无痕”了。

人生因有挫折而美丽

要让孩子知道，人生会遇到很多不同的困难，当他感到困顿的时候，当他需要帮助的时候，向上天求助，他可能只会发现，神明们老是“拈一朵莲花微笑”。他们不会真的帮上忙——“天助自助者”。

大一点儿的孩子，有时候会好奇地问我：“如果你遇到心情不好的时候都怎么办？”“咒语念一念之后就好了。”“是什么？”“天将降大任于斯人也，必先苦其心志，劳其筋骨，饿其体肤，空乏其身，行拂乱其所为，所以动心忍性，增益其所不能。人恒过，然后能改；困于心，衡于虑，而后作；征于色，发于声，而后喻……然后知生于忧患而死于安乐也。”

“这不是课文吗？”“是啊！生活中很多事情课本都会告诉你答案，只是你没有想到而已。”人生的挫折就像考试一样，只是它只有两个分数，一百分和零分，当你解决了问题就是一百分，解决不了问题就是零分，而且不能重来，也没有办法复习。

许多成功人士看起来拥有非常精彩的人生，但是他们在取得成就前总是有一段艰辛的历程，他们努力解决了难题，或者把上天给他们的难题化为力量，才成就了他们的灿烂人生。司马迁受宫刑而奋发完成《史记》；凡·高失去了左耳，却完成了《星夜》；贝多芬失去了听力，仍然完成了《欢乐颂》；爱迪生的重听使他更专注于研究工作，一生共有两千多项发明。

一张纸揉烂了，丢到地上，再踩两脚，这张纸的下场是什么？如果你觉得它只能丢到垃圾桶，那它就只能归属到焚化炉了，但是如果你把它摊开来，根据上面折出来的纹路、污渍及脚印仔细观察，拿起笔来重新描绘，得到的也许是一张别开生面的画作，而不再只是一张垃圾了。

一个人是否能成功，取决于他是否能够从容面对挫折，知道如何面对压力，能理解别人的想法，进行有效的沟通和互动，并且拥有解决问题的能力，知道如何订立切实的目标，从一次一次的经验中，把自己的能力贡献给他人及社会，踏实地生活，并从中获得成就感。

教孩子赢，也要教孩子输

不服输的孩子大概学习也不会让父母操心，但好胜心太强代表他同时给自己太大的压力。此外，好胜心强的孩子自律甚严，总是按时做好作业，由于非常优秀，学校方面也必然十分重视他的成绩，如果有其他才艺的话，当然也是外派到校外比赛的不二人选。这样的孩子可能因为太过专注在学校课程和比赛上，而忘了自己还有周遭的人际关系要维持，甚至可能变得自私。

自私导致孩子对于班级公共事务或团体活动缺乏兴趣，他们会想：“我在家都不扫地，为什么在学校要打扫？我为什么要帮学校做事？学校的活动没什么意义，我为什么要跟着做？”另外一些孩子为了生存而恶性竞争。例如，只重视考试成绩，小小年纪就开始比存款，比学校的名声，和同学比外貌以及拥有的物质，有时甚至不惜牺牲一切代价，争得你死我活，更让自己的生活也变得紧张、充满不安全感。

我们总是教孩子要考试考得好，读书读得好，比赛要拿第一，要乖巧听话受人称赞，要像老鹰一样展翅高飞，看到小麻雀在啄食路边的小米时，要有“燕雀安知鸿鹄之志”的豪情壮志，但是飞得再高再远也会有需要停下来休息的时候。

谁不想自己的孩子平安顺利过一生，但这是不可能的，一时的平安顺利不代表永远平安顺利，万一遇到问题呢？有时候问题可以解决，但有时候却没有那么容易，有时候问题出在别人身上，有时候问题出在自己身上，如果自己没看开，不能等待时间过去，等时机到来，反而会用更不好的方法处理眼前的问题。

我大学同学的妈妈非常干练，从小我同学在各种精心的安排下长大。初中毕业之后被逼着复读一年，上了不错的公立高中，最后还能冲刺考上大学的原因是不想回到复读班那种艰苦的生活。大学毕业之后，不想上班就请假，妈妈开店就跟着去看店，长久以来生活上的不确定感加上感情因素，她开始钻牛角尖，现在她妈妈只希望女儿快乐地过日子就好。

大家熟知的童话寓言《龟兔赛跑》，因为乌龟耐心地跑完全程，而兔子一开始能跑赢，却因为一时疏忽怠慢而输掉比赛。有时候孩子会像乌龟一样，有时候孩子会像兔子一样，在什么样的位置时，应该用什么样的角度和态度来看待比赛的结果。

教孩子赢，也要教孩子输。孩子从小就面对各种考试、测验，没有人永远都赢，总是有人得输那么一两次，有输才有赢回来的机会。

27

孩子在学校被欺负了

有一天，孩子突然开始迟到，总是这里痛、那里痛，常常身体不舒服，但下午或晚上时可能又好了，假日也活蹦乱跳，那么，请仔细观察你的孩子，他是不是开始因为某些原因而害怕上学。

教养小故事

“我的头好痛，不能上学。”一听到小乖生病，妈妈赶紧摸摸小乖的额头，真的好像有点儿发热，赶紧向学校请假。过了一会儿，孩子不再愁眉苦脸，还开开心心地像平常一样吃吃喝喝看电视，妈妈又想把小乖送到学校。

连续好几天都发生一样的情形，妈妈只好带小乖到诊所看医生，结果医生说小乖根本没生病，讨论结果是建议前往大医院的心理科检查。经过一些测验之后，才知道原来小乖在学校因为个性懦弱常常被欺负，变得害怕上学，所以只要上学的时间一到就开始轻微地发热。

是不想，还是不敢呢

害怕上学不外乎两大因素：一是同学的欺负或孤立，二是学校老师可能有某些行为过当。这种情况尤其发生在成绩不好的孩子身上，由于长期以来成绩都不好，和班上同学比较起来自信心不足，如果再加上老师的漠不关心或同学的嘲笑，就算是不经意的行为，长期下来对孩子的精神伤害也很大，也因为自信不足的关系，受了委屈不敢反抗或大声说出来，这样一来更加封闭在自己的世界里，也使得其他同学更容易对孩子产生厌恶感，进而出现更多的欺负行为。

洪兰教授曾经分享过，她的儿子从美国回来之后，在嘉义民雄读小学，因为中文不好，考试成绩也不好，被同学和老师嘲笑为“美国白痴”，老师甚至叫他请假不要来参加段考，以免拉低全班平均成绩。犯错或考试考不好都会被打小腿，或顶着椅子半蹲、在操场青蛙跳，她儿子还因此想要“走回美国去”，初二的时候得了“身心症”（是指由具体的生理损伤引起的心理障碍），每到上学时间就发热，一到八点半准时退热，到了上学时间，常常是父母合力把他拖上汽车，他一路上叫：“求求你们不要叫我去上学！”但是后来他转读美国学校之后，变得很喜欢上学。

相信以前在学校我们可能有过类似的经验，或是身边也有这样的同学，老是被同学排挤，经过他的座位时，调皮的同学会用夸张的动作闪躲，当他靠近的时候，同学远远地就大喊：“那个×××来了！大家赶快跑！”虽然一开始对他的厌恶可能还有原因，但时间一久，变成了一种习惯，同学们也只在下课时间想找人跑腿买东西时，才会叫住他，而且还趾高气扬、颐指气使地说：“我要买×××，买不到你试试看！”

因为不是真的动手打架，老师对这种情况也不予理睬，同学心里都有了默契，也不会私底下和老师提被欺负的同学，以前我读的初中就有这样的状况，连校园里的“老大”都不收他当小弟，同学欺负他的行为也很自然。

还有另一种形式，便是校园间的恐吓事件，这在我上初中以前就多少听说过，但没想到有一天竟然发生在我身上！

刚从台南搬到台北县的时候，邻居们提起该学区的初中时就会摇头，有办法的都把孩子转到隔壁学区的学校念书，但我们家初来乍到，人生地不熟，也没多想就直接转进那所初中，刚报到的第二个星期，我就被一群初二的学姐硬

“请”到我们班上那层楼的厕所去“谈事情”。

那几个初二的学姐被我的伶牙俐齿搞得团团转，不一会儿我自个儿推开厕所大门回教室，同学们明明知道她们找我没好事，也漠不关心，好像一切都很自然一样。隔天上午第二节下课，又有一个初三的学姐态度凶狠地来找我，带着的大批人马里还有前一天带我去厕所“谈事情”的初二学姐，抓着我的衣领硬要我向班上某位女同学道歉，其实之前我只跟这位女同学讲过一句话：“扫地工作需要帮忙吗？”根本搞不清楚为什么要道歉，后来看同学们围观而没有一个人伸出援手，我只好低声下气地说：“虽然我不知道哪里得罪了你，但是对不起。”初三学姐才放开我。

又隔了一个星期，有一天中午，一个和我比较要好的男同学偷偷跟我说：“等一下有人会来找你借钱，你自己小心一点儿。”我还没反应过来，正想问清楚是怎么回事时，那个初二学姐又出现了，劈头就问：“你有没有五十元？借我！”所幸从小家里没有给零用钱的习惯，所谓的零用钱都是从餐费中省下来的，当时我身上空空如也，可谓一贫如洗，直接回她说：“我没钱，不信你来搜。”学姐知道我不是什么“肥羊”之后还丢了一句：“穷鬼！”转头就走，我转身翻找书包，发现原来还有十元硬币而沾沾自喜，男同学过来问我有没有怎么样，我还很开心地告诉他：“没事了。”

之后终于幸运地平安过完我的初中生涯，算是让我经历了一段毕生难忘的“校园霸凌”事件。但不一定每个孩子都能这么幸运，在这个过程当中，孩子一定都会被恐吓不可以告诉家长和老师，原本在学校和家里感到不受重视的孩子，就会真的乖乖听他们的话，把所有的害怕和紧张情绪往自己肚子里吞。

有自信，就不会被欺负

缺乏与团体的互动，有些孩子连最起码的生存能力都欠缺，不知道如何应对危机，缺乏面对困局的知识与经验。

我刚从台南市转学到台北县时，同学也嘲笑我是“乡下来的”，但因为不久后的段考中，我的成绩达到前十名，再加上我听到同学叫我“乡下来的”时，不是装听不懂而不理他们，就是更正他们的措辞：“请叫我的名字，而且我是从台南市来的，难道你们不知道台南市是个都市吗？”当时的初中同学很重视成绩与排名，发现我在这方面也不是弱者之后，便不再嘲笑我了。

现在回想起来，还好我的脑子够灵活，成绩也不差；还好我的母亲从小为了要我照顾弟妹培养了我的“大将”风范，以及家境不好而没给我零用钱；还好我读过韩信《胯下之辱》的故事，让我有足够的信心去抵抗当时同学们的落井下石和漠不关心，养成日后更加独立自主的性格。

有一次，我在教幼儿园正音班的过程中，休息时间孩子突然打闹起来，原来小朋友在抢玩具，其中一个孩子又有气喘，一下子就发作了，我见他从抽屉拿出喷剂，一边涨红了脸，一边吸着喷剂。我赶快制止他们的打闹，问清楚情况之后，他说：“我可以借给他玩儿，但是他没有跟我借。”才5岁的他很清楚人与人之间相处的道理，也不是一味地就受人欺负，知道要反抗不正确的强权，后来我告诉他：“如果他抢的话，你先告诉我，我才知道要帮你。”

我们发现孩子因为特别弱势的情况而受到不平等待遇时，就要审慎处理，这些都是后来演变成可怕霸凌事件的开端，一开始处理的过程当中务必明确，不要有息事宁人的心态，否则受害者更容易再次受害，而加害者则更加猖狂。平时更要建立孩子的自信心，锻炼孩子维护自己权利、保护自己不受伤害的能力。

随时模拟演出骇人听闻的戏码

《哆啦A梦》里面的胖虎常常欺负大雄，但漫画里大雄有小叮当用各种不同的道具帮他，那现实生活中如果你的孩子成为胖虎或大雄时，要怎么来处理呢？

对“胖虎型”的孩子，我们需要观察他为什么常常欺负别人，首先可能是因为他在家庭当中学到的就是这种呼喝、肢体暴力的沟通方式，也可能是因为他常由于学业表现不好而被父母打骂，造成他以为对别人呼来喝去是正常的。

发生欺负别人的情形时，我们最好先把孩子单独带开，先称赞他其他的优点，然后再引导他了解欺负别人是不好的行为，了解他欺负别人的原因和想法，让他学习控制怒气，控制自己不再出手伤人或者使唤别人的习惯。

“胖虎型”的孩子，有着总是喜欢操纵他人、喜欢得到注意、有号召力、机智、反应快等特质，如果正向发展，其实相当具有领导者的潜力，可以请他担任“小老师”，或者指派他领导大家完成一些班级事务，例如完成学期大扫除等。观察孩子的行为，引导他发展个人兴趣也有助于孩子的品格发展，转移他的注意力。

“大雄型”的孩子，总是有害羞内向、胆怯、焦虑、不够自信、反应不够快等“受害者特质”，有时还包含过高、过矮、过胖、过瘦或是残障；走路姿势奇怪，讲话奇怪，功课不好，或是成绩太优秀被忌妒；或是人家常说的“娘娘腔”“男人婆”等，都会遭到同学们嘲笑。通常他们会因为内向不敢表达，而压抑自己受创的感受，情况严重的时候可能会有轻生的念头，有些则会发展成去欺负比他更弱小的人。

对于“大雄型”的孩子，我们要多给予鼓励，让他勇于表达自己内心的想法，当他能够表达一些真正的想法时尽量多给予赞美，建立他的自信心，因为这类孩子不但生性内向，而且可能学业成绩也不是很好，所以容易越来越害羞。这样的孩子在遇到事情时也会以为都是自己的问题。就像大雄一样，虽然胖虎总是欺负他，但他也无法反抗，觉得都是因为自己不够强壮、不够聪明，人家才会欺负他。

老师对于“胖虎型”或“大雄型”的孩子更要多付出一些耐心，观察解决事件之后的发展，有时候他们可能会转而在校外进行，或老师、家长看不到的地方，例如回家路上、校园偏僻角落，而事后甚至恐吓受欺负的一方不能告诉大人。

曾有一项校园霸凌事件调查，发现小学生在校园被欺负者高达28.95%，初中生则有22.95%被欺负过，这些事件层出不穷，除了学校方面要尽量遏制歪风之外，家长平时也可以和孩子在读报纸和看电视新闻时讨论报道中的情形。

假设这样的情况发生在自己身上时要怎么处理？家长可以给予什么样的援助？孩子和同学之间的关系如何？尤其是言语的嘲笑与攻击所造成的阴影有时比肢体暴力更长远，如果孩子遇到这样的情况，严重时可能还需要向心理医生求助。

训练孩子模拟面对危机事件的应对之道；鼓励有需求就应求助，降低处处求自保的焦虑；教导孩子示弱其实是强者的美德，同时也会消除独占、独享、绝对拥有的心情，也可消除无法容忍与他人分享，或失败的挫折感。孩子不知求助，不愿求助，不知分享，如何能生存，如何会生活？

28

我的孩子竟然没有朋友

大人大概没有想过孩子会有没朋友的困扰，其实这种孩子还不少，有的孩子没有存在感，所以连老师都经常忽略这类孩子的感受。这也无可厚非，毕竟老师无法面面俱到。就连当家长的，有时候可能只注意到孩子的功课，却很少注意到孩子的人际关系出了问题。

教养小故事

小如是一个再普通不过的孩子，每天作息正常，功课表现平平，没有什么特殊的才艺，平常班上讨论时也都不太发言，回到家像一般孩子一样做作业，父母也没什么好担心的，但是由于长期不太热衷于同学之间的话题，导致小如在班上经常被忽视。

班上每三个月会抽时间举办庆生会，用班费为过生日的同学买小点心和小礼物。某次庆生会的前一刻，老师和同学才发现原来小如也是这次的寿星之一，但负责准备小礼物的同学却漏了小如的一份，老师立刻出来打圆场，并且让准备礼物的同学赶到校外又买了一份礼物，才化解了这场尴尬。

孩子需要同伴之间的话题

你是不是规定你的孩子不能看电视，不能看漫画，不能玩计算机，不能看报纸，不能看电影？虽然媒体充斥着一些不适当的内容，但全盘否决是不是有点儿矫枉过正了？这不仅会导致孩子的视野变小，对这个世界所发生的事情不了解，对时事及课外知识的吸收不足也会影响学习的效果。

更重要的是，对时下年轻人所接触的事物不了解，孩子在同学之间没有话题可聊，连带地影响孩子和同学之间的互动，也让孩子的社交能力退化，变得没有自信，如果孩子的功课表现还不错，那么其他同学可能就会用“个性孤僻”来形容这个孩子；如果很不幸的，孩子的功课表现不好，那么其他同学在描述与形容这个孩子时可能就只有“自闭”与“自卑”这样的词汇。

一般来说，家长座谈会的时候，学生也会在场，请父母们在这种场合多多观察学生之间的互动。你可以看到，许多受同学们欢迎的孩子，他们大都忙着和其他学生的父母打招呼；如果你的孩子总是孤零零的一个人，那么在正常的学校课程中，他大概也是孤零零地一个人上课。对他来说，同学只是许多和他一起上课的人，他在学校生活中完全无法社会化，渐渐地变成一个“独行侠”。

这样的孩子通常缺乏课外知识的刺激，他们知道爸妈一定不会让他们看电视、打游戏、和同学外出，久而久之，他们就放弃了同龄孩子想做的事情，还会用一种安慰自己的方式说服自己：“这些事情不好玩儿，我不喜欢。”当别人开启这类话题时，他就不讲话，别人问他知不知道这些事情，他就表示不喜欢这些事情。失去了发表意见的想法和能力，这样不是很可悲吗?

看电视、打游戏是孩子日常生活中一些疏压的方法，运动、阅读报纸也是，如果他们还会上网写写脸书、博客，那也是其中一种方式，所以不管孩子采取哪种疏压渠道，每个星期为他们安排时间，适度地让他们有所接触，会有一些正面的效果，也让他们有了社交的话题。

上作文课的时候，为了促进学生对于文章的理解能力，我有时候也会把在杂志或者网络上看到的题材，拿来作为讨论的主题，进而让学生当作写作题材，这样的教学是有趣而且有效的，有时候会发现孩子们的想象力很丰富，他们脑袋里的想法比大人所以为的还要广，如让他们看一张A4广告，模仿写出一个活动企划案，他们安排的节目总是比大人所想的有趣得多。

不过这时候也会发现一些孩子对于这些题材缺乏兴趣或无从下笔，他们可能觉得题材很有趣，但没有办法写出来，因为他们以前从未接触过这种实用性很高的作文题目，他们甚至可能觉得这不算是作文，所以不晓得起承转合的公式要怎么套进来。其实，我根本没有要他们硬套四段式的作文公式，例如写好一个活动企划案只要顾及人、事、时、地、物，而且段落不拘，运用的是思维逻辑和想象力。

让孩子学习社交的能力

人是群居的动物，在群体社会中，通过互助合作才有办法生存，但是现在的孩子们，渐渐丧失了和群体互动的能力，因为他们上下课总是要人接送，在家里也不会做家事，在学校对团体活动逐渐冷漠，有了困难也不会求助。

对于父母或老师来说，可能会觉得这个孩子很乖巧、有前途，但是想想看，如果他年纪还这么小，却不像其他孩子一样对新事物具有好奇心，这是一件多么反常的事情！

我的学生当中就有这样的孩子，他已经算是比较大的孩子了，有一次去上课，他用说笑话的方式说他的同学假日去看电影发生的趣事，最后补了一句："我觉得看电影是浪费时间。"我觉得很奇怪，就反问他："你真的不想和同学去看电影？"他说："反正我爸也不会让我去看。"我说："所以你想去看，但因为爸爸不让你去，所以你只好安慰自己说：'这是一件浪费时间的事。'"他瞪大眼睛说："你一定要讲这么直白吗？"

还有一个学生，他完全不看电视节目，更不用说什么电影或小说了，他每天只能看课本、习作、参考书，如果这样他功课表现一级棒的话，这些牺牲可能值得，但偏偏他学业成绩一直不算好，勉强算中等，结果妈妈继续管制他的娱乐活动，他很显然和其他同学格格不入，整个人看起来也萎靡不振，当我和学生产生讨论作文的共鸣时，他只能静静坐在教室里，一点儿也没有参与感。

老师在上课时，可以观察学生在课程当中的反应，对于某些话题，有些孩子很热衷，有些孩子则很冷漠，这些其实和孩子平常所处的环境有关，父母也可以从孩子自学校回到家里的表现观察孩子平时在校的状况，有时候孩子可能会叽哩呱啦讲一些同学之间发生的事情，有些事情可能只是一句话带过。如果孩子有社交上的问题，老师与家长就必须共同对比双方的观察结果，才能发现孩子是否有人际关系上的困扰，如果孩子话不多，或者对新事物缺乏好奇心，他们可能陷入这样的困境而不自知，更需要家长及老师的引导走出来，增强他们的自信心。

这样的孩子很悲哀，长大后就算有很好的学历，却可能因为缺乏社交能力而遭受打击，大人们在工作场合都可以发现，社交能力会影响工作时同事、领导对你工作表现的评价。社交能力和人际关系的培养本来就是在学校的团体生活中展现的，当孩子缺少与团体互动的话题时，也无法融入团体，压力也无法疏解，对孩子的心理健康将有极大的影响。

所以我们可以根据孩子不同的年纪，适当安排他们的作息，随着孩子的成长，让他们选择一些喜欢看的电视节目或课外书籍，加强课外知识的刺激，强化想象力与创造力，同时也借着一些热门的话题，让他们在校内可以发展社交能力，多交一些朋友，有时候也可以让孩子在朋友圈中谈谈心事、从事一些体育活动，这样就有了疏解压力的渠道。

懂得分享的孩子获得更多

孩子们对于他们周围的生活没有感受，对于自己所得到的总是认为理所当然，也不懂得分享之后能得到更多感激或友谊。

有时候上课，我会把自己随手得到的小玩具当成上课时的奖品，不定时地奖励专心上课的孩子，但是我发现他们已不像我们小时候那样，得到奖品时会产生极大的荣誉感，如果奖品不是他们之间当红的卡通偶像，他们完全就是一副失望的表情，这还不打紧，还有孩子用鄙视的口吻说“这个很差，我不要”，极大地打击了我的心灵。

后来因为每次发奖品所衍生的状况，让我在发奖品之前都非常谨慎，要想孩子现在喜欢的是什么卡通，发什么卡通的外围商品才有鼓励的效果，还要想他们会不会互抢，最好同时准备不同等级的奖品，以便最后人人有奖而不至于发生互抢的状况，结果因为太麻烦，发奖品的次数减少，虽然纷争也不再发生，但原本奖励学生专心上课的心情就消失了。

导致这样的情形最主要的原因就是自私，当孩子对于奖励与荣誉产生自私的心态，老师为了妥善处理这样的情况，当然只好谨慎小心，而减少了孩子们原本可以得到的次数。

而在班级活动中，自私还会影响到分组活动的成绩，相信从小到大，我们自己也有亲身体验，明明是分组活动，同一组有的同学从头到尾一手包办所有事务累得要死，有的同学却一点儿力也不用出，直接就得到分组成绩，反正老师打的都是同一个分数，对于出不出力这件事，老师不清楚，同学不在乎，所以真正在做报告的就只有那少数几个人。

社会上也是如此，一个案子要很多人一起完成，但有的人马马虎虎应付，有的人认真负责每天加班，结果大家领的薪水都一样，但想想，如果每个人都自私而不把自己应该负责的项目做完，这样案子没做完被客户质问，无法付款，公司收入减少，也可能搞到最后大家都卷铺盖走人。

不教孩子竞争就是置孩子的未来于不顾？其实不然，就因为社会过度强调竞争，我们更应该在生活中强调互助、互惠、团结的价值，孩子只懂得竞争，却不懂合作；只追求成功，却无法承受失败；只懂得自保，却不知互助；只懂得应付生存，却不知什么是生活。这对孩子的未来是不利的。

不经意的暴怒，孩子很快就“学以致用”

想想看，人什么时候会产生暴怒的情绪？暴怒其实就是情绪激动的产物，当孩子做错事时，父母或老师常常会用吼叫的方式对待孩子，孩子不写作业时，大吼：“还不快去写作业！”孩子只顾玩游戏时，大吼：“不要再玩儿了！”孩子考试考不好时，大吼：“你考的这是什么成绩！”孩子放学晚回家时，大吼：“这么晚才回来？你干脆不要回来好了！”诸多情绪化的字眼儿，有用吗？

暴力，是会复制的

孩子从小就在这样的沟通方式下成长，要不就是被骂得完全没有自信，要不就是用相同的方式对待别人。举个例子来说，我有个学生，每天被她妈妈吼着，我几乎从来没有看过她妈妈好好和她说话，特别是在我面前时（这也难怪，她妈妈是安亲班老师，我在她妈妈的安亲班教作文）。每次去上课的时候总是听见妈妈管孩子时高分贝的吼叫声，一开始我很不舒服，但自己也带过安亲班的孩子，明白孩子有在规定时间内完成作业的压力，为了让孩子们尽快完成作业，安亲班老师不得不吼叫。

再举个亲身经历的例子，小时候我母亲也是用打骂和吼叫的方式教我们做人处世的方法，又因为我是家里最大的孩子，母亲认为只要管好我，就可以连带影响其他弟弟妹妹，但是在我还小的时候，我只知道做错事情就应该被打、被骂，却不知道这只是妈妈的手段，等大了一点儿，妈妈要我帮她管好弟弟、妹妹，当弟弟、妹妹做错事情，我也如法炮制，不管是在家里还是在街上，直接从头上打下去，然后一顿厉声斥责，邻居看到了便跑去跟我母亲告状，说我当街打弟弟的头。

我妈回到家之后又揍我，可是那时候的我只觉得莫名其妙，我明明是照着妈妈的话去做，而且妈妈也是这样打我的，为什么我不能打弟弟？不能揍妹妹？后来每次我要打他们的时候都躲起来偷偷打，而且严重恐吓他们不准跟妈妈告状。

现在回想起来，小时候的我真是“恶霸”，不过我当时完全是依照大人的方式在教训弟弟妹妹，一点儿也不觉得这是错的，一直到后来长大了，我才察觉到这样的暴怒会对别人造成伤害，接着才渐渐减少对弟弟、妹妹的殴打。后来每次回忆起这些事情时，妈妈说我常习惯性地欺负弱小弟妹，我就会开玩笑地回她说：“跟你学的。”

暴力管教，让孩子失去自我控制力

我的一个大学同学最近花了很多钱和时间参加心灵成长的课程，老实说她到底在那个课程里获得了什么，也从来没有告诉过我，她总是说她得到了很多，但确实是什么感受她也说不出来，或者是课程中心暗示不能讲明白也不一定，但从谈话的过程中可以发现，她之所以去参加心灵成长的课程，是她在人际关系上产生困扰所致。

这个同学有一个很厉害的妈妈，从小用传统打骂的方式教育孩子，而我同学的个性也属于比较负面的那种，既然无法反抗，就只有消极地面对。她从小学到初中都没有学习动力，不过她妈妈很厉害的地方是，她知道自己的孩子不笨，让她在初中的时候复读一年上了不错的公立高中，高中三年依然不爱念书，觉得念书没什么目标，最后能冲刺考上大学的原因也只是不想回到复读班那种艰苦的生活。

好不容易大学熬过去，毕业之后面对工作依然得过且过，人家叫她做事她就照做，天气不好要不要上班也得看她心情好不好，她心情不好不想上班，到公司也做不了什么事，她觉得不如不去。她其实天资聪颖、思考和逻辑能力都很强，每次和她辩论的时候她都很会抓别人的语病，以前念书的时候就不晓得为什么老是不好好念。

所以她老是换工作，永远找不到一份安定又合她心意的，加上感情方面走不出自己设的圈套，钻牛角尖，才去上了心灵成长的课程，她在课程中找到了自己走不出来的原因——当她习惯了不断被管制，就失去了自我控制的能力，也失去了独立生活的能力，当进入社会，需要更加独立的时候，一下子没有办法立身处世，失去自信，也给自己的发展设了限。这些其实很大一部分都源于小时候被管教的经验。

大声不见得有用，有理才是王道

很多老师和爸妈求好心切，又因为自己工作忙碌，导致当孩子有什么状况的时候，总是用吼的方式来处理。或许在孩子很小的时候还没什么反应，但当他们长大之后，尤其是进入青春期，他们开始会觉得被吼叫的感觉很不好，面对爸妈及老师的吼叫，有的孩子完全采取置之不理的态度，有的孩子则会跟着爸妈和老师一起暴怒。

以前我在一家私人小公司上班的时候，也遇到过会对其他同事吼叫，甚至是会议上对我丢笔的老板，看到老板这样对我，其他同事就开始找工作准备离职，我自己也不舒服，负责的项目告一段落也离职了。工作上遇到老板对人吼叫，可以递辞呈离开，对自己的父母可没有办法这么做，如果孩子想要离开，最多也只是在成年之后到外地念书或工作，离开原生家庭，没有办法改变血缘关系，这样的问题总有一天还是会不断发生，恶性循环之下，亲子关系越来越恶化，怎么不令人感叹呢？

在安亲班的这段时间，通常是我情绪最不好的时候，因为不但孩子很吵闹，安亲班老师为了管制孩子的吵闹也跟着加入高分贝的世界，这不是很讽刺吗？我问过孩子们："你们觉得有事好好讲比较好，还是我要像其他老师一样用吼的方式？"孩子们都表示他们不喜欢听到吼叫声，吼叫声让他们觉得不舒服，他们认为用正常沟通的方式就可以了，他们也不喜欢老是被骂。

通常班级秩序不好的时候，我会在吵闹声中先沉淀自己的心情，然后走进孩子们的圈子里，和他们轻轻地说："安静，不要讲话，听我说。"一开始孩子们听不到我在说什么，就会跟着安静下来，然后我就会持续小声地说："你们讲话的声音让我也听不到自己的声音了。"接着孩子们就会自然而然安静地听我上课。

我们在学校上课的时候应该也有这种经验，越是吵闹的班级，老师越喜欢用高分贝的声音大喊："不要讲话！"结果学生反而越讲越大声，越来越吵闹，如果不是老师用力敲黑板或用麦克风说话，在底下讲话的同学根本听不到老师要我们安静的要求，再大声的吼叫也于事无补。

如果你经常对孩子吼叫或者体罚孩子，那么请渐渐减少用这种方式沟通，因为这等于是让孩子一直在暴力的沟通模式下成长，最后只会把这些方式内化为自己的行为，情绪变得容易激动，也容易出手伤人。

29

心里有事口难开

为什么大部分的父母都这么爱监督孩子的成长呢？这或许源自东方传统的教养观念认为：孩子是有待塑造的“黏土”，成长期是为日后成为大人的准备时期，因此，我们为孩子准备好理想的“模子”，为了确保孩子成形，只好时时监督，确认孩子是否往正确的方向发展。这样的塑造观念，也往往成为亲子冲突的最大根源。

教养小故事

随着课业压力越来越大，小琪和爸妈聊天的话题，都放在课业和考试成绩上面，爸妈心想：“为了将来好，现在辛苦一点儿，熬一下就过去了。”但是，情况越来越不妙，以前放了学后，像个广播电台讲个不停的小琪，现在什么话都不说，问三句答半句，爸妈担心小琪的心情和学校生活，却无从了解，难道要偷偷上小琪的脸书吗?

不可告人，不等于有问题

长久以来，孩子的隐私权似乎与爸妈的教养权有所冲突，虽然联合国《儿童权利公约》第十六条表示“儿童有隐私权和要求通信保密的权利”；但实际上，孩子并不真的能够拥有隐私权，根据曾做过的一项“台湾地区社会对儿童人权认知程度”民调报告显示，儿童隐私权项目得分只有20.36分，有高达75.1%的成人同意“大人有权检查孩子的书包及书信”。

其实，在进入剑拔弩张的青春期前，隐私权伴随着亲子的快乐回忆，许多爸妈应该也会记得，孩子爱说小秘密的甜蜜回忆吧！小小孩总会有些小秘密，这些微不足道的小秘密，只跟“和我一国”的人说，通过拥有秘密、分享秘密，或“不可以告诉别人”，小小孩练习区别人我界线，享受着自我存在与主动掌控信息的快乐！

到了青春期，孩子的成长任务，就是成为独立个体，为争取生命自主权，自然不会像小小孩那样依赖父母。如果家中的大孩子，还是乖乖地什么都听爸妈的，整天黏在爸妈身边，不愿意向外体验与探索，爸妈反而才要担心呢！

教育专家常提醒家有青少年的爸妈，要学着接受与体谅，每个人心里有一些不想和别人说的事情，包括孩子也是一样的。

随着年龄的发展，孩子在发展自我的过程中，慢慢会希望有“我”的一切感觉，掌控感越来越强，想要有自己的隐私权。这只是在学习自我主张的过程中，想要拥有“我”的感觉，不见得他一定做了不可告人的事。

爸妈千万别抱持着“如果我问他，他不回答我，一定有问题”的心态，孩子越是不说，爸妈就越是想要挖掘孩子的秘密，造成谍对谍大作战，亲子间当然也毫无信任度可言了。

建立亲子信任感，就不必再当“侦探”

与其等到孩子青春期后，再来当“侦探”侦察孩子的一言一行、手机信息或博客消息，倒不如从小建立起亲子的信任感，让孩子觉得爸妈和自己是“一国”的，不管发生什么事情都愿意和爸妈商量与讨论。

如果在孩子小的时候，没有建立这样的信任感，不管孩子跟你说任何事时，你都很快地帮他做决定或斥责他，孩子就没有这样的信任感，等孩子长大你就更没有办法了解状况了。

怎么让孩子敢讲呢？教育专家认为根本之道就在于“在平时亲子沟通的过程中，爸妈要让孩子感受到很多事是可以商量的”。

当孩子因为违反规则，在学校被处罚，回家后跟爸妈说，可能想要寻求安慰，或是自我解释，结果爸妈又把他骂一顿，或是再把他处罚一次，孩子当然就会选择不讲；或是孩子说他“交了一个女朋友”，结果爸妈说：“你现在还小，要专心念书。”话匣子一开，就被打断，除了让孩子有不被尊重的感觉，孩子也会觉得喜欢异性是非常不好的事，以后就不再告诉爸妈了。

这时候，爸妈就掌握不了孩子，才会有当“侦探”的需要。

爸妈的教养方式，如果没办法鼓励孩子发表真实的想法，说出真实的感受，去面对自己的矛盾，学着做选择，只要求孩子不要犯错，照爸妈说的来做的时候，这样缺乏信任感的亲子关系，常常会让孩子在遇到困难时，失去向爸妈求助的勇气和机会。

为了不让孩子在山穷水尽的时候，只想着“别让爸妈知道”，甚至变成别人要挟孩子的手段——“乖乖照着我说的话做，我就不跟你爸妈说”，爸妈一定要从孩子小的时候开始，用心建立亲子沟通的渠道，让孩子相信“爸妈跟我是‘一国’的！”

为“亲子存折”存入“丰厚资产”

我很喜欢一个“亲子存折”的比喻：在孩子小的时候，亲子互动的温暖与快乐回忆都是“存款”，等到孩子步入青春期以后，亲子间的争执就是“支出”，爸妈趁着孩子小的时候，好好和孩子相处，多存一点儿快乐的回忆，才不会等到将来“入不敷出”。

更好的是，即使孩子到了青春期，还是有“存款”机会。研究显示，即使进入看重同辈意见的青春期，孩子仍然重视爸妈的意见与看法，并不像许多大人所认为的“翅膀硬了，就不听爸妈的话了”。

知名的文化评论家龙应台，为了“挣得”孩子的友谊，以家书方式和孩子沟通，因为她相信“亲子之间虽然有爱，但是像朋友般的喜欢，要靠努力而来”。通过和儿子安德烈互通家书，3年36封家书，让龙应台放下“自己心中的小安安”，认识一个独立成熟的新朋友安德烈，也让亲子之间重新成为可以沟通的朋友。

即使每天见面，一位亲子教养专家还特地向女儿要电子邮件地址，写信给女儿。时隔多年，女儿还念念不忘地回忆着：“当时在看那一封信时，真不知道有多感动。”

如果爸妈觉得自己实在笔拙，没办法写出感动孩子的信，还有一个更简单的办法。许多孩子都会有自己专属的博客，在博客记录自己的生活与心情点滴，这是爸妈了解孩子最快速、最便捷的办法了。

虽然《亲子天下》的调查显示，有一半的孩子不愿意让爸妈知道自己的脸书账号和博客地址，爸妈还是可以诚恳地请孩子告诉你。在网络上，别忘了放下爸妈的说教身份，单纯地当孩子的网友就好，倾听孩子的心声。

有兴趣的话，不妨也建立自己的脸书，遇到困难的时候，请教家中的孩子，让孩子也通过脸书建立和内容的分享，了解自己的爸妈，相信这也是一个全新的亲子互动的转机。

30

小小年纪不准谈恋爱

古人用“近朱者赤，近墨者黑”来强调审慎交友的重要性。担心孩子交到坏朋友的爸妈，也都将这句名言奉为最高原则，当孩子越来越大时，父母也会越来越紧张孩子的交友状况，深恐孩子一时不慎，交到了坏朋友，从此步入歧途。

教养小故事

瑞瑞上了初中之后，爸妈注意到瑞瑞越来越爱漂亮，开始认真打扮自己，早上出门要在浴室磨蹭半天，更常常要求爸妈给她钱，好让她可以和同学一起出门逛街，买最流行的衣服。难得的假日，也不愿意参与全家出游的行程，宁愿自己待在家里上网，或是和同学相约到快餐店读书。看着渐行渐远的孩子，爸妈担心地想："难道瑞瑞是交了坏朋友吗？我们是不是应该介入呢？"

厘清"客观问题"与"主观问题"的差异

事实上，专家发现孩子的同辈并不会影响孩子的能力，而是孩子找到和自己拥有相同能力和价值观的朋友，然后通过伙伴间的互动与激发，强化原有的价值观。

说明白一点儿就是，孩子不是因为交了爱打游戏的朋友，才变成"游戏迷"，而是因为彼此共同的兴趣成为好友，然后共同"勉励"对方，成为越来越强的游戏高手。

随着孩子迈入青春期的脚步，亲子之间也开始面临各自的课题：孩子要掌握生活自主权、学习做决定，让自己在情绪上和行为上做个能"独当一面"的大人；爸妈要学着在更多的事情上放手，让孩子练习自我管理、追寻自己的理想，一步步实现生活的梦想。

在《亲爱的安德烈》一书中，龙应台写尽全天下爸妈的心情："我极不适应——我可爱的安安，哪里去了？那个让我拥抱、让我亲吻、让我牵手、让我牵肠挂肚、头发有点汗味的小男孩，哪里去了？"而安德烈只是酷酷地回应："我不是你可爱的安安了，我是我。"

面对青春期汹涌而来的挑战，青少年学着独当一面做自己，朋友的友谊，不但能让他有归属感，青少年时期结交的朋友，往往也能成为孩子人际关系重要的基础。面对家中的青少年，爸妈仍然可以发挥力量，以"最小干预"的原则，为孩子的交友护航。

教育专家提醒爸妈"先厘清自己的价值观"。到底什么才是好孩子呢？如果爸妈的价值观还是停留在"用功读书、乖乖听话"才是好孩子的单一标准，那么你的孩子应该相当容易交到"坏"朋友吧？因为喜欢打球、喜欢逛街、喜欢打游戏的孩子，可能都会"带坏"你的孩子。

对孩子来说，朋友的选择，反映了他的价值判断，如果爸妈老爱挑剔孩子的朋友，孩子会感受到爸妈对自己的不信任和不尊重。

亲子专家杨俐容在文章中教导爸妈要认清"主观的困扰"与"客观的问题"，比方爸妈不喜欢孩子交往朋友的个性穿着，只是主观困扰；当孩子因为交了这个朋友，做出不适当甚至违反规则的行为，就是客观的问题。如果是前者，就尊重孩子的选择，少见为妙；但如果是后者，爸妈就要介入处理。

先了解再行动

当孩子交到会伤害别人、常常破坏规则的朋友，这是在社会上不被容许的事。当孩子和这样的孩子在一起，父母的担心是可以理解的。不过爸妈在介入孩子的交友事务前，最好先做足功课。

教育专家建议爸妈：“第一道防线是，先去了解。”爸妈应该先了解：“为什么我的孩子喜欢和他在一起？他有什么吸引力？他真的会影响孩子吗？孩子的判断是什么？”比方说，当孩子交到一个爱讲脏话的朋友，爸妈就要了解为什么：是我的孩子也想这么做，享受可以“脱轨”的感觉？还是孩子根本没有判断力，他只要有得玩儿就好了？又或者，孩子没办法交到其他的朋友，只有这些孩子能够跟他一起玩儿？

如果孩子渴望着“脱轨的刺激”，爸妈可以在日常生活中为他提供健康的冒险活动，例如通过运动，挑战自我极限。

如果是交友圈的问题，爸妈应该协助孩子去拓展社交圈，鼓励孩子依自己的兴趣和专长，参加学校或小区的社团活动，比方说参加话剧社，一起编写剧本，参与演出，或是参与义工组织，获得助人的快乐，增加见闻。

这样一来，不但能让孩子扩展生命视野、增进个人的能力，还能拓展交友范围，让孩子结识新的朋友，找到新的归属感，自然而然淘汰掉一些可能不那么适合的朋友。

建立正确的两性观念

当孩子进入青春期后，除了结交同性的朋友，孩子的异性朋友也是让爸妈忧心的问题，担心孩子早恋，耽误了学业，以至于影响未来的人生发展。加上现在的孩子，因为媒体的影响，往往比上一代的孩子更加早熟，常常在幼儿园中就会听到孩子说：“×××是我的女朋友。”或是“等我长大后，要跟

×××结婚。”

研究指出，人在发展人际关系时会经历无性别期（幼儿）、同性群友（学童）、同性密友＋异性群友（青少年）和异性密友期等阶段。一般来说，进入青春期的孩子，开始学着结交同性的密友，同时也会拥有一群异性的朋友，通过这个阶段，孩子可以和异性朋友建立友谊关系，并且慢慢觉察自己的偏好，为未来择偶做准备。

爸妈应该正视这是孩子正常的发展阶段。

在孩子开始对异性好奇，但还没有进入恋爱状态时，早点儿替孩子做好准备，和孩子讨论两性观念：为什么会想谈恋爱？谈恋爱会发生什么事情？现在可以谈恋爱吗？如果对方要求你做你不想做的事，要配合吗……通过开放的讨论，让孩子理解“这件事是可以和爸妈商量的”。

接下来，还要让孩子理解：每个年龄都有该做的事，在青春期有暗恋的人是很正常的，但应该等到自己更成熟时，再深入发展两人的交往关系；爸妈还可以常常通过媒体报道做机会教育，传递正确的两性观念，同时也让孩子有机会说说他的看法。

亲子一起建立共识，定出清楚的规范，让孩子了解什么行为是可以接受或是不能跨越的，预先替孩子打好“预防针”，而不是一味地禁止、担心，造成亲子之间的摩擦冲突，也错过给孩子引导的重要契机！

陪着孩子走过青春期，变成一个独立自主、勇于面对挑战的人，将是爸妈最辛苦，也最有成就感的美好人生课题！